도서출판 꿈미는 가정과 교회가 연합하여 다음세대를 일으키는 대안적 크리스천 교육기관인 사단법인 꿈이있는미래의 사역을 돕기 위해 월간지와 교재, 각종 도서를 출간합니다.

온 가족이 함께 떠나는
바이블 원정대 1

초판 1쇄 발행 2021년 12월 24일
초판 2쇄 발행 2022년 1월 19일

지은이   주경훈

발행인   김은호
발행처   도서출판 꿈미
등 록   제2014-000035호(2014년 7월 18일)
주 소   서울시 강동구 양재대로81길 39, 202호
전 화   02-6413-4896
팩 스   02-470-1397
홈페이지 http://www.coommi.org
쇼핑몰   http://www.coommimall.com

ISBN 979-11-90862-53-0 03230

아무리 바빠도 일주일에 꼭 한 번 **52주 가정예배**

온 가족이 함께 떠나는

바이블 원정대

1

주경훈 지음

꿈이있는

바이블 원정대,
좁은 나라를 떠나 더 큰 나라로

어릴 적부터 상상하는 것을 좋아했던 필자는 이 세상과는 다른 또 다른 세상을 막연히 동경했습니다. 그래서인지 또 다른 세상에 대한 글과 영화에 마음이 갔습니다.

『이상한 나라의 앨리스』가 그 시작이었습니다. 토끼 굴 아래로 굴러 떨어진 앨리스가 이상한 약을 먹고 몸이 줄어들거나 커지면서 땅속 나라를 여행하는 흥미로운 이야기였습니다.

2000년이 되기 바로 직전에 개봉한 영화, "매트릭스"(The Matrix, 미국, 1999년)는 청년이었던 저의 심장을 다시 한번 뛰게 했습니다. 주인공 네오는 평범한 회사원이자 해커입니다. 어느 날 취미로 해킹을 하다가 '매트릭스'라는 키워드를 발견하고 전설적인 해커 모피어스를 만나면서 진짜 세계에 대한 이야기를 듣습니다. 서기 2199년, 인간과 AI 사이에 전쟁이 일어나고 결국 기계가 승리하여 인간은 매트릭스라는 가상 현실 속에서 1990년대를 살아간다는 것이었습니다. 네오는 가상 현실과 현실 사이에서 고민하다가 결국 매트릭스 세계관을 받아들이게 됨니다.

시간이 흘러 신학을 공부하면서 자연스럽게 C. S. 루이스의 책을 읽다가 『나니아 연대기』를 읽게 되었습니다. 제2차 세계대전 중 전쟁을 피해 먼 친척 집에 맡겨진 네 남매는 어느 날 그 저택에 있는 마법의 옷장을 통해 환상의 나라로 들어갑니다.

책을 읽다가 혹시나 하는 마음에 제 옷장을 열어 봤지만 옷장은 막혀 있었습니다. "매트릭스"의 결말은 난해하고, 앨리스의 이야기는 한낱 꿈에 지나지 않습니다.

이런 이야기는 이후에 비슷한 스토리의 책과 영화로 계속 재생산되었습니다. 왜 이런 이야기가 사람들의 마음을 끄는 걸까요? 그것이 사실이기 때문입니다. 지금 눈에 보이는 이 땅이 전부가 아니며 또 다른 진짜 세상이 있기 때문입니다. 더욱 놀라운 것은 우리는 그 땅을 위해 지음을 받았다는 것입니다.

우리는 다른 나라를 위해 지음받았다

"때가 찼고 하나님의 나라가 가까이 왔으니 회개하고 복음을 믿으라"(막 1:15).

성육신하셔서 이 땅에 오신 예수님의 첫 번째 메시지입니다. 얼마나 말씀을 직접 전하고 싶으셨는지 하나님이 이 땅에 내려오셨습니다. 그리고 가장 먼저 하나님의 나라가 왔다는 말씀을 하십니다. 앨리스의 이야기는 한낱 꿈이었으나 하나님의 나라는 진짜입니다. 도리어 이 땅에서의 삶이 안개와 같은 것입니다. 하나님의 나라는 이미 도래했습니다. 그뿐만 아니라 우리는 그 나라로 옮겨졌습니다.

> "그가 우리를 흑암의 권세에서 건져내사 그의 사랑의 아들의 나라로 옮기셨으니 그 아들 안에서 우리가 속량 곧 죄 사함을 얻었도다"(골 1:13-14).

예수 그리스도의 십자가 공로로 우리는 하나님 나라, 즉 '그분의 사랑의 아들의 나라'로 옮겨졌습니다. 우리는 알게 모르게 대한민국 국적과 하나님 나라 국적을 지닌 이중국적자가 되었습니다.

> "그러나 우리의 시민권은 하늘에 있는지라 거기로부터 구원하는 자 곧 주 예수 그리스도를 기다리노니"(빌 3:20).

구원받은 우리는 하나님의 형상으로 지음받았고 하나님 나라에 속한 백성으로서 이 땅에서 살아갑니다. 그렇기 때문에 이 땅에서의 삶에 만족하지 못하고 언제나 자신을 넘어서고 싶은 갈망을 지니며 살아갑니다.

나의 나라는 좁다

거대하고 영원한 하나님 나라를 위해 지음받은 인간이 이 땅에서 살려니 얼마나 답답할까요?

성 아우구스티누스는 누구보다 하나님 나라를 깊이 묵상했습니다. 그는 영원할 것 같았던 로마의 멸망을 바라보며 세상의 도성과 하나님의 도성을 구분하여 『하나님의 도성』이란 책을 집필하기까지 했습니다. 그리고 『고백록』에서 다음과 같이 고백합니다. "오, 주님! 당신은 자신을 위해 우리를 지으셨나이다. 우리의 마음은 당신 안에서 안식을 얻을 때까지 평안을 모릅니다."

인간은 하나님 나라를 위해 지음받았기 때문에 하나님 나라를 위해 살 때만 안식이 있습니다. 하지만 이것을 깨닫지 못하는 인간은 이 답답한 마음을 극복하고자 자신을 넘어서는 삶을 살려고 부단히 노력합니다. 하지만 영원할 것 같았던 로마가 멸망했듯 자신을 넘어서서 자신의 나라를 확장하려고 하는 모든 시도는 결국 인생을 더욱 허무하게 만듭니다.

사람은 극한으로 자신을 몰아넣기도 합니다. 무리하게 도전하고, 더 높은 곳으로 오르려 하고, 더 많은 것을 가지려 하고, 더 많은 사람에게 영향을 미치려 합니다. 하지만 이러한 행동은 이유 모를 내면의 갈증을 더 키워 갈 뿐입니다. 밑 깨진 항아리에 물을 채우려 하면 할수록 더욱 공허해질 뿐입니다.

더 큰 나라, 진짜 나라 속으로 깊숙이 들어가야 합니다.

"그런즉 너희는 먼저 그의 나라와 그의 의를 구하라 그리하면 이 모든 것을 너희에게 더하시리라"(마 6:33).

진짜 나라를 발견한 사람은 이방인들의 땅에서 생존하는 것을 인생의 목표로 삼지 않습니다. 이 땅에 보물을 쌓아 두지 않고 하늘에 쌓아둡니다(마 6:20). 의식주에 대한 고민을 뛰어넘어 만물을 먹이시는 하나님을 바라봅니다(마 6:30). 이 땅의 시스템 속에서 살아가지만 하늘에 뿌리를 두고 살아갑니다. 참된 세상을 발견한 사람들은 이 땅의 일로 헛수고하지 않습니다.

> "너희가 어찌하여 양식이 아닌 것을 위하여 은을 달아 주며 배부르게 하지 못할 것을 위하여 수고하느냐"(사 55:2).

그런즉 언제나 먼저 하나님의 나라와 그의 의를 구합니다.

진짜 나라 속으로 들어가다

이 책의 목적은 단 하나입니다. 한국 교회의 가정에 가정예배가 시작되는 것입니다. 이 책을 접하는 모든 가정이 하나님 나라 속으로 들어가는 것입니다. 무너질 이 땅의 나라에 헌신하는 것이 아니라, 영원히 세워질 나라에 헌신하도록 하는 것입니다.

그 출발이 가정예배입니다. 가정예배는 나의 가정이 하나님 나라에 속해 있다는 영역 표시입니다.

『온 가족이 함께 떠나는 바이블 원정대』는 일 년에 한 권씩, 총 세 권의 책으로 기획되었습니다. 사단법인 꿈이있는미래의 사역을 10년 정도 진행하면서 다음세대의 회복과 세대 통합 교육을 위해 분투했습니다. 그리고 내린 결론은 가정의 회복 없이는 다음세대의 회복도, 기성세대의 회복도, 교회의 미래도 없다는 것입니다. 각 가정에서 가정예배만 회복되어도 교회의 미래는 밝습니다.

이런 마음으로 지난 6년간 가정예배 세미나와 가정예배 콘퍼런스를 열고, 가정예배를 위한 영상 촬영을 하고, 가정예배 지침서, 123 가정예배, 그리고『아무리 바빠도 일주일에 꼭 한 번 52주 가정예배』시리즈를 출간했습니다. 가정예배와 관련된 책과 논문, 영상 자료 등을 연구하면서 체계적이고 성경 중심적인 가정예배 지침서가 필요하다는 결론을 내렸습니다. 그리고 집필한 것이『온 가족이 함께 떠나는 바이블 원정대』시리즈입니다.

이 책은 가정예배를 통해서 성경 전체에 흐르는 하나님 나라를 발견하고 그 나라에 헌신하도록 집필되었습니다. 성경은 놀라운 '하나님 나라'에 대한 이야기입니다. 영화로 비유하면 총감독은 하나님이시고, 대본은 성경이고, 주인공은 예수님입니다. 한 권의 성경은 66권으로 나뉘고, 1,189장과 31,102절로 구분되지만 모든 장과 절이 하나님 나라를 중심으로 연결되어 있습니다.

이 책을 통해 가정이 성경의 핵심인 하나님 나라를 이해하고, 그 이해한 것을 삶에 적용하여 하나님 나라의 통치를 경험할 수 있도록 기획했습니다.

1년차 하나님 나라의 시작

2년차 하나님 나라의 통치

3년차 하나님 나라의 완성

3년간 각 가정에서 이 책으로 가정예배를 드린다면 가정에서 하나님 나라를 경험하고, 가정 밖으로 하나님 나라를 확장하는 놀라운 일을 경험하게 될 것입니다.

"하나님의 나라는 볼 수 있게 임하는 것이 아니요 또 여기 있다 저기 있다고도 못하리니 하나님의 나라는 너희 안에 있느니라"(눅 17:20-21).

이 책은 다음과 같은 가정에 좋은 안내서가 될 것입니다.

첫째, 가정예배를 처음 시작하는 가정

둘째, 가정예배를 어떻게 인도해야 할지 고민하는 가정

셋째, 가정예배를 시작했으나 지속하기 힘들어하는 가정

넷째, 가정예배를 준비하는 데 있어서 다양한 자료를 얻기 원하는 가정

다섯째, 체계적으로 가정예배를 드리기 원하는 가정

이 책을 효과적으로 사용하기 위해서는 사단법인 꿈이있는미래의 홈페이지(www.coommi.org)를 활용하시기 바랍니다. 보석과 같은 자료들을 준비해 놓았습니다.

이제, 하나님 나라를 향해 출발하도록 하겠습니다.

우리 가정은 바이블 원정대가 되어 하나님 나라 속으로 깊숙이 들어

가게 될 것입니다.

우리 가정을 통해 하나님의 나라가 확장될 것입니다.

"오늘 내가 네게 명하는 이 말씀을 너는 마음에 새기고 네 자녀에게 부지런히 가르치며 집에 앉았을 때에든지 길을 갈 때에든지 누워 있을 때에든지 일어날 때에든지 이 말씀을 강론할 것이며"(신 6:6-7).

꿈이있는미래 소장 주경훈

가정예배 십계명

1. 우리 가정은 하나님이 세우신 공동체로서 교회 같은 가정을 이루기 위해 최선을 다한다.
2. 영적 세대 계승을 이루어 가정에 영적 기념비를 세운다.
3. 아무리 바빠도 일주일에 꼭 한 번은 가정예배를 드린다.
4. 부모는 영적 교사로서 자녀에게 본이 되는 삶을 산다.
5. 자녀는 부모를 하나님의 대리자로 여겨 공경하며 가르침에 순종한다.
6. 가정예배 헌금을 드려 하나님의 나라와 이웃을 위해 흘려보낸다.
7. 가족 여행 중에도 정한 시간이 되면 있는 곳에서 예배를 드린다.
8. 급한 일로 가정예배를 드리지 못할 때는 그 시간, 그 자리에서 간단하게 기도한다.
9. 가정예배 중에 오고가는 대화는 열린 마음으로 하며 서로의 생각과 의견을 존중한다.
10. 가정예배를 드린 후 기록한 가족 미션을 이루기 위해 한 주간 최선의 노력을 다한다.

가정예배 서약서

나는 가정의 영적 제사장으로서
하나님이 나에게 부여하신 사명을 따라
가정예배의 회복과 신앙의 세대 계승을 위해
가정예배를 시작할 것을 하나님 앞에 서약합니다.

가정예배 요일:

가정예배 시간:

가정예배 참여자:

가정예배 규칙:

년   월   일

서약자: (인)

차례

7월

8월

9월

우리 가정의 1장 1절

창세기 1장 1-8절
찬송가 79장 주 하나님 지으신 모든 세계

창세기 1장 1-8절

1 태초에 하나님이 천지를 창조하시니라

2 땅이 혼돈하고 공허하며 흑암이 깊음 위에 있고 하나님의 영은 수면 위에 운행하시니라

3 하나님이 이르시되 빛이 있으라 하시니 빛이 있었고

4 빛이 하나님이 보시기에 좋았더라 하나님이 빛과 어둠을 나누사

5 하나님이 빛을 낮이라 부르시고 어둠을 밤이라 부르시니라 저녁이 되고 아침이 되니 이는 첫째 날이니라

6 하나님이 이르시되 물 가운데에 궁창이 있어 물과 물로 나뉘라 하시고

7 하나님이 궁창을 만드사 궁창 아래의 물과 궁창 위의 물로 나뉘게 하시니 그대로 되니라

8 하나님이 궁창을 하늘이라 부르시니라 저녁이 되고 아침이 되니 이는 둘째 날이니라

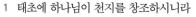

장 폴 사르트르는 "인생은 B와 D 사이의 C다"라고 했습니다. 인생은 태어남(Birth)과 죽음(Death) 사이의 선택(Choice)이라는 의미입니다. 이 문장을 언급할 때 사람들은 올바른 선택에 초점을 둡니다. 하지만 올바른 선택을 위해서는 반드시 내가 어떻게 태어났고 죽음 이후에 어떻게 되는지를 알아야 합니다. 창세기 1장 1절은 모든 것의 탄생을 선포합니다. 하나님이 천지를 창조하셨습니다. 신앙생활의 기초는 창세기 1장 1절입니다. 성경 전체가 31,102절인데 창세기 1장 1절을 믿으면 나머지 31,101절을 믿을 수 있습니다. 창세기 1장 1절은 또한 우리 가정의 1장 1절이 되어야 합니다. 이 말씀을 붙잡을 때 우리 가정에 어떤 은혜가 있을까요?

하나님의 다스림을 받게 됩니다

창세기 1장 1절은 역사상 가장 위대한 선언입니다. 이 땅에 존재하는 모든 것의 출발을 선포합니다. 하나님이 존재하는 모든 것의 출발입니다. 그러므로 하나님만이 이 세상에 대한 소유권과 통치권을 가지고 계십니다. 신명기는 만물에 대한 하나님의 소유권을 선포합니다. "하늘과 모든 하늘의 하늘과 땅과 그 위의 만물은 본래 네 하나님 여호와께 속한 것이로되"(신 10:14). 시편은 만물에 대한 하나님의 통치권을 말합니다. "그가 바다에서부터 바다까지와 강에서부터 땅 끝까지 다스리리니"(시 72:8). 이런 하나님이 우리 가정에 대한 소유권과 통치권을 가지고 계십니다. 비록 우리 가정에 이해할 수 없는 일들이 벌어진다 해도 걱정 없습니다. 온 세상을 다스리시는 하나님이 우리 가정을 다스려 주실 것이기 때문입니다.

📍 하나님 안에서 온전해집니다

처음 천지의 모습은 '혼돈하고 공허'했습니다. 혼돈과 공허는 아직 구체적인 형태가 없고 비어 있는 상태입니다. 그런데 하나님께서 "이르시되"라며 선포하시자 혼돈과 공허가 하나님 보시기에 좋은(창 1:4) 상태로 창조됩니다. 보시기에 좋았다는 것은 단지 감정적으로 좋았다는 말이 아니라 의심할 여지없이 확실히 좋았다는 것을 의미합니다. 하나님의 말씀이 선포되면 우리 가정의 혼돈과 공허가 심히 좋은 상태로 변화될 것입니다. 성경을 보면 6일간의 창조 사역에 열한 번이나 "이르시되"라는 표현이 언급됩니다.

하나님의 말씀을 붙잡을 때 삶이 온전해집니다. 모든 혼돈과 공허는 오직 하나님의 말씀이 임할 때 질서를 찾고 온전해집니다. 새해를 시작하는 지금, 더욱더 하나님의 말씀에 집중해야 합니다.

"태초에" 역사를 시작하신 하나님이 우리 가정에 새로운 한 해를 선물로 주셨습니다. 혼돈과 공허는 하나님의 말씀이 선포될 때 보기에 좋은 상태로 변화되었습니다. 새해를 시작하는 우리 가정에 하나님의 창조 능력이 가득하길 축복합니다. 무에서 유를 창조하시는 하나님의 능력이 우리 가정을 덮어 새 창조의 역사가 일어나길 기도합니다.

📍 나눔

1. 새로운 한 해, 하나님이 우리 가정을 어떻게 다스려 주시길 원하는지 가족과 나눠 보세요.
2. 새해 우리 가정의 말씀을 정해 보세요. 각자 우리 가정에 성취되길 원하는 성경 구절을 뽑고, 그 구절을 선택한 이유를 설명하는 시간을 가져 보세요.

📍 기도

태초에 천지를 창조하신 하나님께서 우리 가정 역시 창조하셨을 믿습니다. 하나님, 새로운 한 해를 가정예배로 시작합니다. 처음 살아가는 시간이기에 두렵기도 하고 기대가 되기도 합니다. 우리 가정이 하나님의 말씀으로 세워지게 하옵소서. 하나님 보시기에 심히 아름다운 가정이 되게 하옵소서. 우리 가정의 주인 되시는 예수님의 이름으로 기도합니다. 아멘.

📍 우리 가족 이번 주 미션

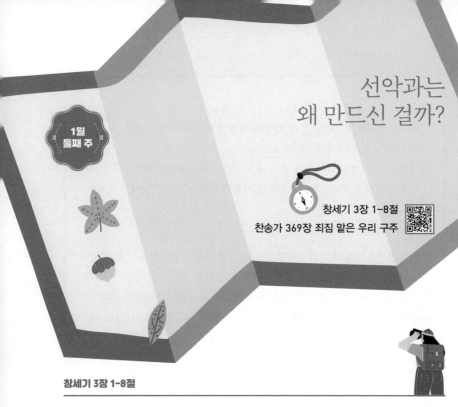

선악과는
왜 만드신 걸까?

창세기 3장 1-8절
찬송가 369장 죄짐 맡은 우리 구주

창세기 3장 1-8절

1 그런데 뱀은 여호와 하나님이 지으신 들짐승 중에 가장 간교하니라 뱀이 여자에게 물어 이르되 하나님이 참으로 너희에게 동산 모든 나무의 열매를 먹지 말라 하시더냐

2 여자가 뱀에게 말하되 동산 나무의 열매를 우리가 먹을 수 있으나

3 동산 중앙에 있는 나무의 열매는 하나님의 말씀에 너희는 먹지도 말고 만지지도 말라 너희가 죽을까 하노라 하셨느니라

4 뱀이 여자에게 이르되 너희가 결코 죽지 아니하리라

5 너희가 그것을 먹는 날에는 너희 눈이 밝아져 하나님과 같이 되어 선악을 알 줄 하나님이 아심이니라

6 여자가 그 나무를 본즉 먹음직도 하고 보암직도 하고 지혜롭게 할 만큼 탐스럽기도 한 나무인지라 여자가 그 열매를 따먹고 자기와 함께 있는 남편에게도 주매 그도 먹은지라

7 이에 그들의 눈이 밝아져 자기들이 벗은 줄을 알고 무화과나무 잎을 엮어 치마로
  삼았더라

8 그들이 그 날 바람이 불 때 동산에 거니시는 여호와 하나님의 소리를 듣고 아담과
  그의 아내가 여호와 하나님의 낯을 피하여 동산 나무 사이에 숨은지라

인류의 역사만큼이나 오래된 질문이 있습니다. "하나님은 선악과를
왜 만드신 것일까?" 이런 질문은 선악과만 없었다면 인간은 죄를 짓지
않았을 것이라는 생각에서 출발합니다. 결국 사람이 죄를 짓는 원인을
하나님에게로 돌리는 것입니다. 하지만 이것은 잘못된 생각입니다. 모
든 관계는 규칙으로 이루어져 있습니다. 국가를 유지하는 법이 있고,
기업을 지탱하는 규정이 있고, 가정 안에도 질서가 있습니다. 선악과는
사람이 사람으로서의 자리를 아름답게 지킬 수 있는 하나님과의 최소
한의 약속입니다.

선악과는 하나님의 사랑의 표현입니다

독약은 알고 먹어도 죽고, 모르고 먹어도 죽습니다. 만약에 독약이
들어 있는 컵을 봉해 놓은 후 "이것은 독약이니 절대 만지지 마시오"라
고 적어 놓는다면 그것은 상대에 대한 배려이고 사랑입니다. 선악과는
사람의 생명을 유지하게 하는 생명선과 같습니다. 하나님은 사람을 사
랑하셔서 선악과마저 선택할 수 있는 자유로운 존재로 창조하셨습니
다. 아무런 판단 능력이 없는 로봇으로 만드신 것이 아니라, 하나님의
말씀도 스스로 선택하여 순종하거나 불순종할 수 있는 완전한 자유인

으로 창조하셨습니다. 선악과는 인간을 향한 하나님의 사랑과 인간의 자유에 대한 상징입니다.

📍 사람은 사탄의 유혹에 넘어져 선악과를 범했습니다

사람은 늘 선택의 기로에 놓여 있습니다. 하나님의 말씀을 따를 것인가, 사탄의 유혹을 따를 것인가? 하나님의 말씀을 따르면 삶이 풍성해지고, 사탄의 유혹을 따르면 구속됩니다. 너무 뻔한 결과인데 연약한 인간은 한번 욕망에 자극이 오면 멈출 줄을 모릅니다. 우리는 유혹을 받기 전에 사탄의 전략을 알고 있어야 합니다.

사탄의 전략은 다음과 같습니다. 첫째, 사탄(뱀)은 늘 성도 주위를 배회합니다(1절). 베드로전서 5장 8절에서는 "너희 대적 마귀가 우는 사자 같이 두루 다니며 삼킬 자를 찾나니"라고 합니다. 둘째, 하나님의 말씀을 왜곡합니다(창 3:4). 하나님은 선악과를 먹으면 반드시 죽는다(2:17)고 말씀하셨는데 사탄은 죽지 않는다고 합니다. 셋째, 인간의 욕망을 자극합니다(3:5). 하나님처럼 전능자가 되고자 하는 인간의 욕망을 자극합니다. 결국 인간은 하나님의 명령을 깨고 선악과를 먹어 죄를 짓게 됩니다. 성경은 "마귀에게 틈을 주지 말라"(엡 4:27)고 합니다.

선악과는 지금도 우리 주변에 놓여 있습니다. 하나님과의 친밀한 관계를 깨고 하나님의 말씀을 어겨서라도 얻고 싶은 것이 있다면, 그것이 바로 선악과입니다. 사탄의 유혹을 하나님의 말씀으로 이겨야 합니다. 선으로 악을 이길 수 있는 가정이 되길 축복합니다.

♀ 나눔

1. 우리 가정이 하나님 안에서 행복하기 위한 가정 규칙을 정해 보세요.
2. 사탄의 강한 유혹을 이겨 낸 경험이 있다면 가족과 나눠 보세요.

♀ 기도

우리 가정이 하나님 안에서 완전한 자유와 풍성한 기쁨을 누리길 원하시는 하나님, 감사드립니다. 하나님 외에 다른 어떤 것도 사랑하지 않으며, 말씀을 더 가까이하는 것이 최고의 기쁨이 되는 가정 되게 하옵소서. 우리 가정이 에덴동산 되길 원합니다. 우리 가정의 주인이 되어 주세요. 사랑하는 예수님의 이름으로 기도합니다. 아멘.

♀ 우리 가족 이번 주 미션

인생의 공회전을
멈추고 싶은 그대에게

창세기 3장 22절 – 4장 8절
찬송가 38장 예수 우리 왕이여

창세기 3장 22절–4장 8절

22 여호와 하나님이 이르시되 보라 이 사람이 선악을 아는 일에 우리 중 하나 같이 되었으니 그가 그의 손을 들어 생명 나무 열매도 따먹고 영생할까 하노라 하시고

23 여호와 하나님이 에덴 동산에서 그를 내보내어 그의 근원이 된 땅을 갈게 하시니라

24 이같이 하나님이 그 사람을 쫓아내시고 에덴 동산 동쪽에 그룹들과 두루 도는 불 칼을 두어 생명 나무의 길을 지키게 하시니라

1 아담이 그의 아내 하와와 동침하매 하와가 임신하여 가인을 낳고 이르되 내가 여호와로 말미암아 득남하였다 하니라

2 그가 또 가인의 아우 아벨을 낳았는데 아벨은 양 치는 자였고 가인은 농사하는 자였더라

3 세월이 지난 후에 가인은 땅의 소산으로 제물을 삼아 여호와께 드렸고

4 아벨은 자기도 양의 첫 새끼와 그 기름으로 드렸더니 여호와께서 아벨과 그의 제물은 받으셨으나

5 가인과 그의 제물은 받지 아니하신지라 가인이 몹시 분하여 안색이 변하니

6 여호와께서 가인에게 이르시되 네가 분하여 함은 어찌 됨이며 안색이 변함은 어찌 됨이냐

7 네가 선을 행하면 어찌 낯을 들지 못하겠느냐 선을 행하지 아니하면 죄가 문에 엎드려 있느니라 죄가 너를 원하나 너는 죄를 다스릴지니라

8 가인이 그의 아우 아벨에게 말하고 그들이 들에 있을 때에 가인이 그의 아우 아벨을 쳐죽이니라

오늘날 대화 가운데 가장 피하고 싶은 주제는 '죄'일 것입니다. 생각해 보면 교회 밖에서 '실수'와 '잘못' 등을 언급하기는 하지만 '죄'라는 단어 자체는 들을 수가 없습니다. '죄'는 현대 사회에서 가장 인기 없는 단어입니다. 물론 '죄'가 사라졌기 때문은 아닙니다. 도리어 모든 사람이 죄인이기에 죄를 교묘하게 미화하고 은폐시키고 문화화하기 때문입니다. 하지만 죄는 죄입니다. 죄를 짓는 한 우리는 하나님께로 한 걸음도 갈 수 없습니다. 죄는 우리 인생을 공회전하게 만듭니다. 최선을 다해 사는 것 같은데 허무하다면 죄의 문제를 반드시 점검해야 합니다. 죄의 문제를 다스리지 못한 가인은 인류 최초의 살인자라는 불명예를 얻게 됩니다.

온전한 예배자가 되어야 합니다

가인과 아벨은 자신의 소산을 가지고 하나님께 예배를 드렸습니다. 그런데 하나님께서 아벨의 예배는 받으시고 가인의 예배는 받지 않

으셨습니다. 이 부분에 대해서 학자들 간에 차이가 있지만 분명한 것은 하나님이 "아벨과 그의 제물"(창 4:4)은 받으셨으나, "가인과 그의 제물"(5절)은 받지 않으셨다는 것입니다. 사람이 중요합니다. 그 사람이 어떤 예배자인가가 중요합니다. 가인이 예배자로서 준비가 안 되었다는 것은 예배 이후의 그의 모습을 통해서 증명됩니다. 가인은 몹시 분하여 안색이 변했고(6절), 하나님은 가인을 보고 죄를 다스리라고(7절) 경고하셨습니다. 가인은 온전한 예배자가 아니었던 것입니다.

사람으로서 최고의 영광과 행복은 온전한 예배자가 되는 것입니다. 아무리 만사가 형통한 것 같아도 예배가 무너지면 인생이 무너진 것입니다. 인생의 공회전을 멈추고 싶다면 가장 먼저 온전한 예배자가 되어야 합니다.

📍🗺 마음의 분노를 다스려야 합니다

인류 최초의 살인은 한 가정 안에서 이루어졌습니다. 형 가인이 동생 아벨을 죽인 것입니다. 결정적인 원인은 마음의 분노를 다스리지 못한 데 있습니다(5절). 하나님은 가인의 예배를 받지 않으시고 아벨의 예배만을 받으셨습니다. 이런 상황에서 가인은 자신의 모습을 돌아봐야 하는데, 아벨을 향해 분노합니다. 감정은 자연스럽게 일어날 수 있으나 다스리지 않으면 감정의 노예가 되어 감정이 이끄는 대로 죄를 짓게 됩니다. 파스칼은 "믿음이란 이성을 십자가에 못 박는 행위"라고 했습니다. 이 말을 활용하여 다시 말하면, "믿음이란 감정을 십자가에 못 박는 행위"입니다. 감정의 성화 없이는 거룩한 삶을 살 수 없습니다. 감정을 다스리지 못한 사람은 죄를 이길 수 없습니다. 죄된 감정이 나의 마음을 지배하지 못하도록 날마다 십자가를 가까이하는 가정이 되길 바랍니다.

데이비드 브룩스는 말합니다. "사람들이 죄, 혹은 원죄라는 단어가 가진 힘과 치열함을 잃어버렸기 때문에 더 이상 죄를 배우기 싫어한다." 우리는 죄에 대해서 더 많이 배우고 민감해야 합니다. 우리는 종종 '나는 좀 부족한 사람이다', '실수하는 사람이다' 혹은 '잘못했다' 정도를 느낍니다. 하지만 우리는 훨씬 더 심각하고 악한 죄인임을 기억해야 합니다. 우리는 십자가의 은혜가 아니면 죽을 수밖에 없는 죄인입니다. 죄의 문턱에 걸려 전진하지 못하고 공회전하는 가정이 아닌 하나님께로 직진하는 가정이 되길 축복합니다.

📍 나눔

1. 예배자로서 나의 모습을 점검해 보고 더 노력해야 할 부분이 있다면 가족과 나눠 보세요.
2. 십자가에 못 박아야 할 감정이 있다면, 어떤 것이 있는지 가족과 나눠 보세요.

📍 기도

우리 가정의 주인 되시는 하나님, 우리 가정의 모든 구성원이 온전한 예배자가 되길 원합니다. 하나님을 예배하는 것이 가장 큰 기쁨인 가정이 되길 원합니다. 감정을 십자가에 못 박고 오직 십자가의 은혜에 기대어 사는 가정이 되게 하옵소서. 사랑하는 예수님의 이름으로 기도합니다. 아멘.

📍 우리 가족 이번 주 미션

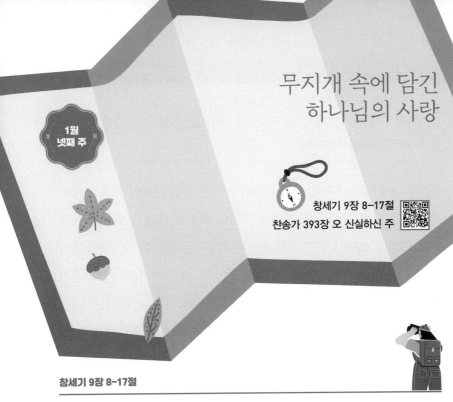

무지개 속에 담긴 하나님의 사랑

창세기 9장 8-17절
찬송가 393장 오 신실하신 주

창세기 9장 8-17절

8 하나님이 노아와 그와 함께 한 아들들에게 말씀하여 이르시되

9 내가 내 언약을 너희와 너희 후손과

10 너희와 함께 한 모든 생물 곧 너희와 함께 한 새와 가축과 땅의 모든 생물에게 세
   우리니 방주에서 나온 모든 것 곧 땅의 모든 짐승에게니라

11 내가 너희와 언약을 세우리니 다시는 모든 생물을 홍수로 멸하지 아니할 것이라
   땅을 멸할 홍수가 다시 있지 아니하리라

12 하나님이 이르시되 내가 나와 너희와 및 너희와 함께 하는 모든 생물 사이에 대대
   로 영원히 세우는 언약의 증거는 이것이니라

13 내가 내 무지개를 구름 속에 두었나니 이것이 나와 세상 사이의 언약의 증거니라

14 내가 구름으로 땅을 덮을 때에 무지개가 구름 속에 나타나면

15 내가 나와 너희와 및 육체를 가진 모든 생물 사이의 내 언약을 기억하리니 다시는
   물이 모든 육체를 멸하는 홍수가 되지 아니할지라

16 무지개가 구름 사이에 있으리니 내가 보고 나 하나님과 모든 육체를 가진 땅의 모든 생물 사이의 영원한 언약을 기억하리라

17 하나님이 노아에게 또 이르시되 내가 나와 땅에 있는 모든 생물 사이에 세운 언약의 증거가 이것이라 하셨더라

약속은 희망입니다. 누군가와 약속을 하는 순간 미래에 대한 소망이 생깁니다. 가령 가족 간에 휴가를 가기로 약속을 하면 그 약속이 이루어질 때까지 소망이 생깁니다. 그런 의미에서 성경을 볼 때마다 소망이 생깁니다. 성경은 하나님과 사람과의 약속의 책이기 때문입니다. 성경은 하나님과의 약속을 '언약'이란 단어로 사용합니다. 이는 '묶다'라는 의미로, 두 당사자가 서로를 위해 어떤 일을 하기로 합의하여 묶여 있는 상태를 의미합니다. 즉 하나님과 인간의 약속은 반드시 이루어질 수밖에 없는 성질의 것입니다. 하나님은 오늘 본문에서 노아와 무지개 언약을 맺으십니다. 노아는 무지개를 볼 때마다 하나님과의 약속 때문에 희망이 가득했을 것입니다. 그 언약이란 무엇일까요?

다시는 물로 심판받지 않을 것입니다

본문에서 가장 많이 반복되는 단어는 "내가"입니다. 9절, 11절, 12절, 13절, 14절, 15절, 16절, 17절에 무려 여덟 번이나 등장합니다. 약속은 쌍방 간에 해야 할 일을 정하는 것입니다. 서로 간에 지켜야 할 것이 있는 것이죠. 그런데 하나님과 노아의 언약은 하나님께서 일방적으로 지키시는 언약입니다. 인간의 끝없는 탐욕과 죄는 하나님의 홍수 심판으

로 멈추게 되었습니다. 비는 심판의 상징이었습니다. 그런데 하나님께서는 심판의 상징이었던 물방울을 태양광선에 의해 무지개로 나타나는 언약의 상징으로 변화시키셨습니다. 노아와 그의 가족은 하나님의 은혜로 대홍수에서 살아남았습니다. 하지만 이후에 비가 내리고 번개가 치면 심판의 날을 기억하며 무서움과 공포에 떨 수 있습니다. 비 트라우마가 생길 수 있었던 것입니다.

그런데 하나님은 이제 스스로 물로 심판하지 않겠다고 말씀하십니다. 그리고 그 언약의 증거로 무지개를 보여 주십니다. 하나님은 무지개 언약을 통해서 악을 선으로, 공포를 인자함으로, 좌절과 슬픔을 기쁨으로 바꾸셨습니다.

🗺️ 모든 심판을 피해 갈 십자가 언약을 붙들어야 합니다

도산 안창호는 일제 강점기 때 우리나라를 망하게 한 주범이 '거짓'이라고 했습니다. 거짓을 '불구대천지원수'(不俱戴天之怨讐)라고까지 했습니다. 거짓은 그만큼 파괴력이 있습니다. 성경에 하나님과 인간 사이의 많은 언약이 나오는데 그때마다 인간은 언약을 어기는 거짓된 삶을 선택합니다. 그것이 인간의 한계입니다. 그래서 우리에게는 십자가 언약이 필요합니다. "이것은 죄 사함을 얻게 하려고 많은 사람을 위하여 흘리는 바 나의 피 곧 언약의 피니라"(마 26:28). 하나님은 죄로 인해 죽을 수밖에 없는 우리를 구원하시기 위해서 예수 그리스도에게 십자가를 지게 하셨습니다. 노아가 무지개를 보며 하나님의 신실한 언약을 떠올렸듯이, 새 언약의 백성인 우리는 십자가를 볼 때마다 죄 사함의 은 혜를 떠올리는 것입니다. 인간은 연약하기 때문에 진실하게 살고 싶어도 거짓에 많이 넘어집니다. 약속을 지키고 싶지만 능력이 없습니다. 하지만 하나님의 십자가 언약은 완전합니다. 모든 죄를 회복시킬 십자가 언약을 확실히 붙잡아야 합니다.

하나님은 구름과 비와 폭풍을 보면서 떨고 있는 인간에게 "너희들의 죗값으로 그렇게 된 것이다"라고 말씀하지 않으셨습니다. 앞으로는 "물로 심판하지 않겠다"는 언약을 하시고 무지개를 통해 평안을 주셨습니다. 죄로 인해 죽을 수밖에 없는 우리를 구원하겠다는 약속을 주시고, 예수 그리스도를 십자가에 매달아 죽이시면서 그 약속을 우리에게 보여 주셨습니다. 무지개 속에 담긴 하나님의 사랑에 감사드리는 가정이 되길 축복합니다.

♥ 나눔

1. 누군가와의 중요한 약속을 지키지 못했던 경험이나, 혹은 누군가가 약속을 어겨서 난감했던 경험을 가족과 나눠 보세요.
2. 십자가의 언약을 묵상하며 하나님께 감사의 고백을 드리는 시간을 가져 보세요.

♥ 기도

하나님, 우리는 진실하길 원하나 거짓에 쉽게 유혹받고 넘어집니다. 우리 가정을 긍휼히 여기셔서 어떤 일이 있더라도 십자가의 은혜를 붙잡고 살아가는 가정이 되게 하옵소서. 값없이 주신 십자가 은혜의 풍성함을 누리는 가정이 되게 하옵소서. 귀하신 예수님의 이름으로 기도합니다. 아멘.

♥ 우리 가족 이번 주 미션

무너질 바벨탑을
쌓아 올리지 말아야 합니다

창세기 11장 1-9절

찬송가 252장 나의 죄를 씻기는

창세기 11장 1-9절

1 온 땅의 언어가 하나요 말이 하나였더라

2 이에 그들이 동방으로 옮기다가 시날 평지를 만나 거기 거류하며

3 서로 말하되 자, 벽돌을 만들어 견고히 굽자 하고 이에 벽돌로 돌을 대신하며 역
   청으로 진흙을 대신하고

4 또 말하되 자, 성읍과 탑을 건설하여 그 탑 꼭대기를 하늘에 닿게 하여 우리 이름
   을 내고 온 지면에 흩어짐을 면하자 하였더니

5 여호와께서 사람들이 건설하는 그 성읍과 탑을 보려고 내려오셨더라

6 여호와께서 이르시되 이 무리가 한 족속이요 언어도 하나이므로 이같이 시작하
   였으니 이 후로는 그 하고자 하는 일을 막을 수 없으리로다

7 자, 우리가 내려가서 거기서 그들의 언어를 혼잡하게 하여 그들이 서로 알아듣지
   못하게 하자 하시고

8 여호와께서 거기서 그들을 온 지면에 흩으셨으므로 그들이 그 도시를 건설하기

를 그쳤더라

9 그러므로 그 이름을 바벨이라 하니 이는 여호와께서 거기서 온 땅의 언어를 혼잡하게 하셨음이니라 여호와께서 거기서 그들을 온 지면에 흩으셨더라

한국에서 자란 학생은 영어 때문에 한 번쯤은 스트레스를 받았을 것입니다. 어른이 되어서도 해외여행이나 미션트립을 가면 영어 때문에 고생합니다. 이럴 때마다 '미국 사람들은 참 좋겠다. 영어 공부할 필요도 없고'라는 생각을 합니다. 또한 바벨탑을 쌓아 올린 사람들이 원망스럽기도 합니다.

노아의 홍수 이후에 노아의 가족만 살아남았기에 세상에는 언어가 하나였습니다. 시간이 흘러 사람들이 많아지고 시날이라는 곳에 모여 살았습니다. 이 지역은 메소포타미아 문명의 발상지인 티그리스 강과 유프라테스 강 사이의 지역입니다. 이곳에서 사람들은 바벨탑을 쌓기 시작합니다. 왜 그들은 바벨탑을 쌓았던 것일까요?

자신들의 이름을 내기 위해 바벨탑을 쌓았습니다

언어가 하나였던 이 시기에 사람들은 연합하여 바벨탑을 쌓기 시작했습니다. 사람은 본래 연합하기 힘든 존재인데 이들은 바벨탑을 쌓는 데 하나가 되었습니다. 당시의 최첨단 기술을 동원하여 높이 탑을 쌓아 올렸습니다. 그 이유는 자신들의 이름을 내기 위함(4절)이었습니다. 자신들의 이름을 낸다는 것은 하나님께 돌릴 영광을 자신들이 취하겠다

는 뜻입니다. 사람의 가장 큰 영광은 하나님께 영광을 돌리는 것인데, 이 당시 사람들은 자신들의 영광을 위해 탑을 쌓아 올렸습니다. 높은 탑을 쌓아 올리면 자신들의 이름이 높아질 것이라고 생각한 것입니다. 참으로 어리석은 생각이며 죄된 생각입니다. 죄는 단순히 나쁜 행동이 아니라 왕 되신 하나님을 거부하고 자신의 이름을 위해 살아가는 것입니다. 그렇게 쌓아 올린 바벨탑은 한순간에 무너졌고, 이후로도 자신을 위해 쌓아 올린 바벨탑들은 다 무너졌습니다. 지금 자신의 이름을 위해 올리고 있는 바벨탑이 있습니까? 공들여 올린 만큼 허무할 것입니다. 곧 무너질 것이기 때문입니다. 오직 하나님을 위한 일만이 영원히 기억될 것입니다.

흩어짐을 면하기 위해 바벨탑을 쌓았습니다

사람들이 바벨탑을 쌓은 두 번째 이유는 흩어짐을 면하기 위함입니다(4절). 사람들이 함께 모여서 연합하고 의지하며 사는 것 자체가 나쁜 것은 아닙니다. 하나님 역시 성도가 한 몸처럼 연합하기를 원하십니다. 하지만 바벨탑의 경우는 하나님의 뜻을 거스르기 위한 연합이었습니다. 선을 향한 연합이 아닌 악을 향한 연합이었습니다. 하나님의 통치를 거부하고 자신들의 목소리를 내기 위한 연합이었습니다. 가나안 땅에 들어간 이스라엘은 왕을 요구합니다. 시대에 맞는 합리적인 요구처럼 보이지만 사실은, 하나님의 통치를 거부하거나 하나님을 온전히 신뢰하지 못하는 행위였습니다. 죄인인 인간 속에 이기적인 본성이 있습니다. 로마서의 말씀처럼 선한 데는 지혜롭고 악한 데는 미련해야 하는 데 그 반대로 행합니다. 역사적으로 이루어진 끔찍한 만행은 전부 인간의 이기적인 욕망들의 연합으로 이루어진 것입니다. 제1, 2차 세계대전, 6.25전쟁, 그리고 최근의 아프가니스탄 문제까지 결국 악한 사람들의 연합으로 이루어진 것입니다. 하나님의 영광을 위한 연합은 하나님이 지키실 것이나, 악한 모임은 하나님이 흩으실 것입니다.

시날 평지의 바벨탑 사건 이후에도 사람들은 끊임없이 자신들을 위한 바벨탑을 쌓아 올리고 있습니다. 이런 수고는 마치 모래사장에서 모래집을 만드는 것과 같습니다. 파도 한 번 치면 무너질 것이고, 해가 지면 뒤도 돌아보지 않고 내려놓아야 할 것입니다. 곧 무너질 바벨탑을 쌓기 위해 인생을 낭비하지 말고 하나님의 영광을 위한 선한 일을 시작하는 가정이 되길 바랍니다.

♥ 나눔

1. 우리 주변에 높이 올라간 바벨탑이 있다면 어떤 것이 있는지 가족과 나눠 보세요.

2. 하나님의 영광을 위해 우리 가정이 힘을 모아야 할 일이 있다면 어떤 것이 있을지 이야기해 보세요.

♥ 기도

인간 역사의 주관자 되시는 하나님, 우리 가정이 오직 하나님께만 영광을 돌리는 가정 되길 원합니다. 바람 불면 사라지는 바벨탑을 쌓느라 인생을 허비하지 않게 하시고, 한 번뿐인 인생, 오직 하나님을 위해 사는 가정이 되게 하옵소서. 왕 되신 예수님의 이름으로 기도합니다. 아멘.

♥ 우리 가족 이번 주 미션

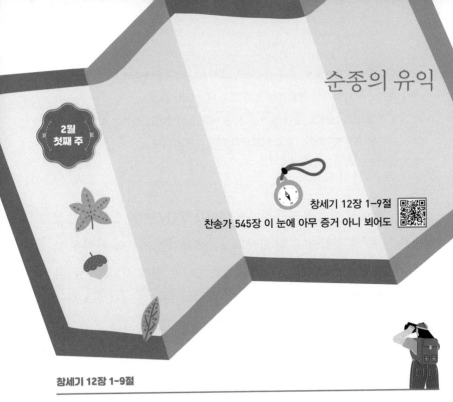

2월
첫째 주

창세기 12장 1-9절
찬송가 545장 이 눈에 아무 증거 아니 뵈어도

창세기 12장 1-9절

1 여호와께서 아브람에게 이르시되 너는 너의 고향과 친척과 아버지의 집을 떠나 내가 네게 보여 줄 땅으로 가라

2 내가 너로 큰 민족을 이루고 네게 복을 주어 네 이름을 창대하게 하리니 너는 복이 될지라

3 너를 축복하는 자에게는 내가 복을 내리고 너를 저주하는 자에게는 내가 저주하리니 땅의 모든 족속이 너로 말미암아 복을 얻을 것이라 하신지라

4 이에 아브람이 여호와의 말씀을 따라갔고 롯도 그와 함께 갔으며 아브람이 하란을 떠날 때에 칠십오 세였더라

5 아브람이 그의 아내 사래와 조카 롯과 하란에서 모은 모든 소유와 얻은 사람들을 이끌고 가나안 땅으로 가려고 떠나서 마침내 가나안 땅에 들어갔더라

6 아브람이 그 땅을 지나 세겜 땅 모레 상수리나무에 이르니 그 때에 가나안 사람이 그 땅에 거주하였더라

7 여호와께서 아브람에게 나타나 이르시되 내가 이 땅을 네 자손에게 주리라 하신
  지라 자기에게 나타나신 여호와께 그가 그 곳에서 제단을 쌓고
8 거기서 벧엘 동쪽 산으로 옮겨 장막을 치니 서쪽은 벧엘이요 동쪽은 아이라 그가
  그 곳에서 여호와께 제단을 쌓고 여호와의 이름을 부르더니
9 점점 남방으로 옮겨갔더라

현대 사회에서 잘 사용하지 않아서 먼지가 쌓인 단어가 있다면, 그중 하나가 '순종'일 것입니다. 현대 사회는 순종보다는 자유와 독립을 강조합니다. 김난도 서울대학교 소비자학과 교수는 현대 사회를 가리켜 "일상을 자랑질하는 시대"라고 했습니다. 이런 사회 속에서 순종이란 단어는 부담스러운 단어가 되었습니다. 하지만 순종이야말로 최고의 신앙 덕목입니다.

 순종은 하나님이 주시는 기회를 얻는 통로입니다

하나님은 아브람에게 고향과 친척과 아버지의 집을 떠나 하나님이 보여 줄 땅으로 가라고 하셨습니다. 당시 아브람의 나이는 75세로 고향을 떠날 나이가 아니라, 고향으로 돌아가야 할 나이였습니다. 고향을 떠나라는 말씀은 그동안 일군 모든 것을 포기하라는 것과 같은 것입니다. 그런데 아브람은 그 말씀에 순종하여 과감하게 고향을 떠나 새로운 땅을 향해 출발했습니다.

하나님이 주시기 원하는 은혜를 경험하는 방법은 순종밖에 없습니다. 여호수아가 순종하여 요단 강에 발을 담글 때 약속의 땅에 들어가

게 되었습니다. 베드로와 요한이 순종하여 어부의 삶을 포기할 때 사람을 낚는 사람이 되었습니다. 하나님께 순종하는 것은 절대로 손해 보는 것이 아니라 보장된 미래에 동참하게 되는 것입니다.

📍🗺 순종이 나를 온전하게 만듭니다

우리는 하나님의 형상대로 창조되었습니다. 하나님에 의해서 창조된 인간은 하나님의 말씀대로 살아갈 때 가장 온전한 모습으로 살아갈 수 있습니다. 아이폰은 아이폰 설명서대로 사용해야 하고, 삼성 스마트폰은 삼성 설명서대로 사용해야 가장 온전하게 사용됩니다. 그러므로 사람은 하나님의 설명서에 순종할 때 가장 온전한 모습이 됩니다.

그 온전한 모습이 바로 하나님과 세상 사이에서 복의 통로가 되는 것입니다. 하나님은 우리가 복이 되길 원하십니다. 그래서 우리를 축복하는 자는 복을 얻고 우리를 저주하는 자는 저주를 받습니다(3절). 엄청난 복입니다. 이 복은 하나님의 말씀에 순종하는 자만이 누릴 수 있습니다. 그러므로 하나님께 순종하는 것은 절대로 손해 보는 것이 아니라 복된 존재가 되는 것입니다.

순종은 답답한 것, 하기 싫은 것, 나를 힘들게 하는 것이 아니라 하나님과의 동행이며, 하나님의 기회를 붙잡는 것이며, 나를 온전하게 만드는 것입니다. 너무 많이 고민하지 마시기 바랍니다. 너무 먼 미래를 고민하지 마시기 바랍니다. 하나님이 행하실 것입니다.

오늘 본문에서 가장 강조되는 것은 '누가 이 모든 것을 이룰 것인가'입니다. 바로 여호와입니다. 모든 것을 이루시는 분은 여호와입니다. 하나님이 말씀하실 때 언제나 순종할 수 있는 가정이 되길 축복합니다.

📍 나눔

1. 순종하여 예상하지 못한 좋은 기회가 생긴 경험이 있다면 가족과 나눠 보세요.
2. 순종하기 힘든 일이었지만 순종하여 결국 좋은 결과를 얻은 경험이 있다면 나눠 보세요.

📍 기도

우리 가정의 방향키를 쥐고 계시는 하나님, 우리 가정을 온전한 길로 인도하여 주시기 바랍니다. 떠나야 할 때와 머물러 있어야 할 때를 잘 분별하게 하시고, 주님께서 말씀하실 때 언제나 순종하는 가정이 되게 하옵소서. 복의 근원 되신 예수님의 이름으로 기도합니다. 아멘.

📍 우리 가족 이번 주 미션

'나음'보다 '다름'입니다

창세기 17장 9-14절
찬송가 438장 내 영혼이 은총 입어

창세기 17장 9-14절

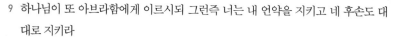

9 하나님이 또 아브라함에게 이르시되 그런즉 너는 내 언약을 지키고 네 후손도 대대로 지키라

10 너희 중 남자는 다 할례를 받으라 이것이 나와 너희와 너희 후손 사이에 지킬 내 언약이니라

11 너희는 포피를 베어라 이것이 나와 너희 사이의 언약의 표징이니라

12 너희의 대대로 모든 남자는 집에서 난 자나 또는 너희 자손이 아니라 이방 사람에게서 돈으로 산 자를 막론하고 난 지 팔 일 만에 할례를 받을 것이라

13 너희 집에서 난 자든지 너희 돈으로 산 자든지 할례를 받아야 하리니 이에 내 언약이 너희 살에 있어 영원한 언약이 되려니와

14 할례를 받지 아니한 남자 곧 그 포피를 베지 아니한 자는 백성 중에서 끊어지리니 그가 내 언약을 배반하였음이니라

하나님의 사람들은 이 세상에서 다른 사람보다 나은 존재가 되려고 힘쓰기보다 다른 존재가 되기 위해 힘써야 합니다. 나음보다 다름입니다. '성도'는 본래 영어로 'saint', 즉 '성자'로도 번역이 되는데, 이 단어의 원어인 희랍어의 뜻은 '구별된 자'입니다. 성도는 이 세상과 다른 존재, 즉 거룩한 존재로 살아야 합니다. 하나님은 아브람의 이름을 아브라함으로 개명하신 후에 곧바로 할례를 명하십니다. 이름의 변화는 정체성의 변화를 의미합니다. 그리고 정체성이 변화된 후에 아브라함에게 가장 먼저 요구하시는 것이 할례입니다. 하나님 안에서 정체성이 변화된 사람은 할례를 행해야 합니다. 그렇다면 할례는 무엇을 의미합니까?

세상과 구별되어야 합니다

할례는 남자 성기의 포피를 잘라 내는 것입니다. 이것은 단순히 남자의 몸에 흔적을 남기는 것 이상의 의미가 있습니다. 할례를 통해서 하나님의 백성인가 아닌가를 구별했습니다. 잘라 내는 의식을 통해서 세상과 구별된 하나님의 백성으로서의 표식을 지닌 것입니다. 단순히 살점을 잘라 내는 것만이 아니라, 삶의 구체적인 모습에서 세상을 잘라 내는 거룩한 삶을 살아야 했습니다. 그래서 바울은 육체의 할례보다 마음의 할례를 더 강조했습니다. 하나님 안에 정체성의 뿌리를 내린 사람은 세상과 구별되어야 합니다. 세상과의 분리가 아닌 세상과의 구별입니다. 하나님의 사람이 세상과 구별되지 않는다면, 그 사람은 세상에서 빛과 소금의 역할을 감당할 수 없습니다. 짠맛을 잃어버린 소금은 버려

질 것이고, 빛이 나지 않는 등불은 쓸데가 없습니다. 다름이 능력입니다. 성도는 세상과 구별된 존재여야 합니다.

📍🗺️ 성도의 가정은 대대로 구별되어야 합니다

9절은 다음과 같이 말합니다. "하나님이 또 아브라함에게 이르시되 그런즉 너는 내 언약을 지키고 네 후손도 대대로 지키라." 할례를 말씀하시면서 가족과 후손에 대한 말씀을 계속해서 강조하십니다. 집안 대대로 할례를 지켜야 함을 강조하십니다. 집안 대대로 할례를 행하면서 부모는 자녀에게 할례의 의미를 설명해 주고, 가족은 대대로 세상과 구별된 존재로 믿음의 세대 계승을 해야 합니다. 하나님은 사람을 개인적으로 만나시지만, 하나님을 만난 개인은 자신의 가정에 복음이 흘러가도록 힘써야 합니다. 세상 속에서 살아가지만 세상과 구별된 가정이 되기 위해서 노력해야 합니다. 여호수아는 유언과 같은 말로 "너희가 섬길 자를 오늘 택하라 오직 나와 내 집은 여호와를 섬기겠노라"(수 24:15)라고 외칩니다. 이 외침과 다짐이 우리 가정 안에서 대대로 이어져야 합니다.

성도는 할례 받은 자답게 구별된 존재로 살아야 합니다. 욕망을 추구하는 삶이 아닌 거룩한 삶을 살아야 합니다. 세상의 고지를 점령하려고 애쓰기보다는 세상의 낮은 곳에서 섬겨야 합니다. 어두운 곳에서 빛으로, 썩은 곳에서 소금으로 살아야 합니다. 우리 가정이 대대로 이 사명을 이어 가길 축복합니다.

♀ 나눔

1. 내가 세상과 구별된 부분이 있다면 가족과 나눠 보세요.
2. 우리 가정이 대대로 할례 받은 자답게 살기 위한 계획을 세워 보세요.

♀ 기도

하나님, 바벨론 같은 세상에서 거룩한 자로 살아갈 수 있는 힘을 주시옵소서. 세상과 비교하며 열등감에 빠지지 않게 하시고, 세상을 불쌍히 여기며 섬길 수 있는 믿음 주시옵소서. 우리 가정이 대대로 할례의 정신을 붙잡고 살아가게 하옵소서. 거룩하신 예수님의 이름으로 기도합니다. 아멘.

♀ 우리 가족 이번 주 미션

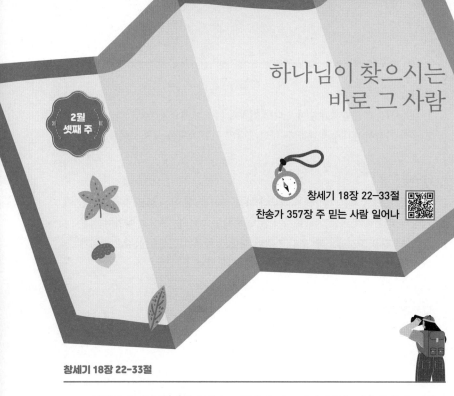

하나님이 찾으시는
바로 그 사람

창세기 18장 22–33절
찬송가 357장 주 믿는 사람 일어나

창세기 18장 22–33절

22 그 사람들이 거기서 떠나 소돔으로 향하여 가고 아브라함은 여호와 앞에 그대로 섰더니

23 아브라함이 가까이 나아가 이르되 주께서 의인을 악인과 함께 멸하려 하시나이까

24 그 성 중에 의인 오십 명이 있을지라도 주께서 그 곳을 멸하시고 그 오십 의인을 위하여 용서하지 아니하시리이까

25 주께서 이같이 하사 의인을 악인과 함께 죽이심은 부당하오며 의인과 악인을 같이 하심도 부당하니이다 세상을 심판하시는 이가 정의를 행하실 것이 아니니이까

26 여호와께서 이르시되 내가 만일 소돔 성읍 가운데에서 의인 오십 명을 찾으면 그들을 위하여 온 지역을 용서하리라

27 아브라함이 대답하여 이르되 나는 티끌이나 재와 같사오나 감히 주께 아뢰나이다

28 오십 의인 중에 오 명이 부족하다면 그 오 명이 부족함으로 말미암아 온 성읍을 멸하시리이까 이르시되 내가 거기서 사십오 명을 찾으면 멸하지 아니하리라

29 아브라함이 또 아뢰어 이르되 거기서 사십 명을 찾으시면 어찌 하려 하시나이까
이르시되 사십 명으로 말미암아 멸하지 아니하리라
30 아브라함이 이르되 내 주여 노하지 마시옵고 말씀하게 하옵소서 거기서 삼십 명
을 찾으시면 어찌 하려 하시나이까 이르시되 내가 거기서 삼십 명을 찾으면 그리
하지 아니하리라
31 아브라함이 또 이르되 내가 감히 내 주께 아뢰나이다 거기서 이십 명을 찾으시면
어찌 하려 하시나이까 이르시되 내가 이십 명으로 말미암아 그리하지 아니하리라
32 아브라함이 또 이르되 주는 노하지 마옵소서 내가 이번만 더 아뢰리이다 거기서
십 명을 찾으시면 어찌 하려 하시나이까 이르시되 내가 십 명으로 말미암아 멸하
지 아니하리라
33 여호와께서 아브라함과 말씀을 마치시고 가시니 아브라함도 자기 곳으로 돌아갔
더라

1645년, 단 한 표의 투표 차로 대영제국은 올리버 크롬웰에게 전 영
국을 다스리는 통치권을 부여했습니다. 1649년, 영국 왕 찰스 1세는 단
한 표 때문에 처형되었고, 1776년, 미국은 단 한 표 차로 독일어 대신
영어를 국어로 채택했습니다. 1839년, 마커스 몰튼은 단 한 표 덕분에
미국 매사추세츠주의 주지사로 뽑혔고, 1868년, 앤드류 존슨 미국 대
통령은 단 한 표 때문에 탄핵소추에서 모면되었고, 1875년, 프랑스는
단 한 표 차로 왕정에서 공화국으로 바뀌는 새 역사를 시작했습니다.
1923년, 아돌프 히틀러는 단 한 표 때문에 세계 역사를 바꾸어 놓는 나
치를 장악하게 됩니다. 한 사람은 때로 전부일 수 있습니다. 하나님은
언제나 하나님의 뜻을 행할 한 사람을 찾으십니다. 하나님은 아브라함
을 찾아오셨고, 아브라함에게 소돔과 고모라를 향한 계획을 말씀하셨

습니다. 아브라함이 어떤 사람이기에 아브라함을 찾아오신 것입니까?

하나님 앞에 서 있는 사람입니다

22절입니다. "그 사람들이 거기서 떠나 소돔으로 향하여 가고 아브라함은 여호와 앞에 그대로 섰더니." 그냥 지나칠 수 있는 표현이지만 이런 자세는 아브라함의 일상적인 모습이었습니다. 그는 하나님 앞에 (Coram Deo) 서 있는 사람이었습니다. 아브라함과 롯의 출발은 같았으나 정착지는 달랐습니다. 롯은 타락한 세상으로 갔고 아브라함은 하나님 앞에서 살아갑니다. 아브라함은 하나님과 교제하면서 세속에 물들지 않는 삶을 살았습니다. 하나님 앞에 서 있는 아브라함은 자신이 어떤 존재인지 분명히 알았습니다. "아브라함이 대답하여 이르되 나는 티끌이나 재와 같사오나 감히 주께 아뢰나이다"(27절). "티끌"이란 단어는 '먼지'와 '재'가 복합된 말입니다. 이는 겸손한 표현이라기보다는 하나님 앞에 선 자신의 실존을 정확히 고백한 것입니다. 하나님 앞에 선 사람은 교만하게 행동하지 않습니다. 하나님 앞에서 살아가는 가정이 되길 바랍니다.

하나님의 마음으로 기도하는 사람입니다

아브라함은 소돔 성에 대한 멸망의 소식을 듣자 소돔 성에 있는 사람들을 위한 기도를 합니다. 단지 조카 롯을 살리기 위한 기도가 아니라 소돔 성 전체를 위한 기도를 합니다. 아브라함은 영혼 구원에 대한 갈망이 큰 사람이었습니다. 아브라함은 그 성에 있는 의인을 위해서라도 그들을 구원해 달라고 기도합니다. 의인 50명으로 시작해서 의인이 45명, 40명, 30명, 20명, 결국 10명이라도 있다면 그 성을 멸하지 말아 달라고 끈질긴 기도를 합니다. 아브라함은 소돔 성에 의인이 최소한 10명은 있을 것이라고 생각한 것입니다. 학자들에 의하면 당시 소돔과 고모라 성의 인구는 약 2만 5,000명 정도였다고 합니다. 그런데 2만 5,000명 가운데 의인 10명이 없어서 멸망한 것입니다. 역대하 16장 9절을 보면 "여호와의 눈은 온 땅을 두루 감찰하사 전심으로 자기에게 향하는 자들을 위하여 능력을 베푸시나니"라고 합니다. 전심으로 하나님을 향하는 가정이 되길 바랍니다. 우리가 사는 지역에서 하나님이 찾으시는 의인으로 살아가는 가정이 되길 축복합니다.

하나님이 찾으시는 사람, 하나님이 찾으시는 가정이 되어야 합니다. 소돔은 악한 사람이 많아서 심판을 받은 것이 아니라 의인이 없어서 심판을 받았습니다. 세상은 언제나 악하며 악으로 치닫고 있습니다. 그것이 이상한 것이 아니라 그 가운데 하나님의 사람이 없는 것이 이상한 것입니다. 하나님 앞에 서 있는 가정, 영혼에 대한 뜨거운 마음으로 기도하는 가정이 되길 축복합니다.

📍 나눔

1. 하나님이 찾으시는 가정이 되기 위해 우리 가정은 어떤 삶을 살아야 할까요?
2. 내가 사는 지역을 위한 기도 제목을 나누고 함께 기도하는 시간을 가져 보세요.

📍 기도

하나님, 우리 가정이 날마다 하나님 앞에서(Coram Deo) 살아가길 원합니다. 하나님께서 누군가를 찾으실 때 기억에 남는 가정이 되게 하소서. 내가 사는 지역에서 하나님의 심판을 멈출 수 있는 의로운 가정으로 살게 하소서. 가정의 주인 되시는 예수님의 이름으로 기도합니다. 아멘.

📍 우리 가족 이번 주 미션

_____

_____

_____

_____

_____

_____

_____

_____

_____

_____

모리아 산을 정복하라

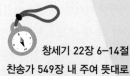

창세기 22장 6-14절
찬송가 549장 내 주여 뜻대로

창세기 22장 6-14절

6 아브라함이 이에 번제 나무를 가져다가 그의 아들 이삭에게 지우고 자기는 불과 칼을 손에 들고 두 사람이 동행하더니

7 이삭이 그 아버지 아브라함에게 말하여 이르되 내 아버지여 하니 그가 이르되 내 아들아 내가 여기 있노라 이삭이 이르되 불과 나무는 있거니와 번제할 어린 양은 어디 있나이까

8 아브라함이 이르되 내 아들아 번제할 어린 양은 하나님이 자기를 위하여 친히 준비하시리라 하고 두 사람이 함께 나아가서

9 하나님이 그에게 일러 주신 곳에 이른지라 이에 아브라함이 그 곳에 제단을 쌓고 나무를 벌여 놓고 그의 아들 이삭을 결박하여 제단 나무 위에 놓고

10 손을 내밀어 칼을 잡고 그 아들을 잡으려 하니

11 여호와의 사자가 하늘에서부터 그를 불러 이르시되 아브라함아 아브라함아 하시는지라 아브라함이 이르되 내가 여기 있나이다 하매

12 사자가 이르시되 그 아이에게 네 손을 대지 말라 그에게 아무 일도 하지 말라 네가 네 아들 네 독자까지도 내게 아끼지 아니하였으니 내가 이제야 네가 하나님을 경외하는 줄을 아노라

13 아브라함이 눈을 들어 살펴본즉 한 숫양이 뒤에 있는데 뿔이 수풀에 걸려 있는지라 아브라함이 가서 그 숫양을 가져다가 아들을 대신하여 번제로 드렸더라

14 아브라함이 그 땅 이름을 여호와 이레라 하였으므로 오늘날까지 사람들이 이르기를 여호와의 산에서 준비되리라 하더라

중세 어느 수도원에서 있었던 이야기입니다. 그 수도원에는 제자가 되겠다고 찾아오는 사람들이 많았습니다. 이때 수도원장은 찾아오는 사람들에게 씨앗을 나눠 주며 씨앗을 땅에 거꾸로 심으라고 합니다. 씨앗을 수도원장의 말대로 거꾸로 심은 사람은 받아 주고, 씨앗을 바르게 심은 사람은 거절하며 다음과 같이 말했다고 합니다. "청년처럼 똑똑한 사람은 혼자 가서 사십시오. 당신은 선생으로서의 자격은 있어도 제자로서의 자격은 없습니다. 내가 거꾸로 심으라고 했으면 이치에 맞지 않아도 내 말대로 해야 합니다." 그 시험은 씨앗을 바르게 심는 것이 아니라 수도원장의 말에 대한 순종 여부를 살피는 것이었습니다.

삶은 시험의 연속입니다. 모리아 산은 시험의 장소입니다. 아브라함은 지금 시험의 산에 오르고 있습니다. 인간적인 관점에서 절대로 이해할 수 없고 통과할 수도 없는 시험을 만났습니다. 하지만 아브라함은 모리아 산의 시험을 극복하고 결국 정상에 섭니다. 그리고 우리는 아브라함의 모습을 통해서 시험을 이기는 비결을 배우게 됩니다.

📍🗺 모리아 산을 믿음으로 오르라

흔히 시험은 두 가지 형태로 옵니다. 첫째는 유혹(temptation)이고, 둘째는 시험(test)입니다. 사탄은 유혹하고, 하나님은 시험하십니다. 유혹의 목적은 넘어뜨리는 것이고, 시험의 목적은 든든히 서게 하는 것입니다. 유혹은 피해야 하고, 시험은 돌파해야 합니다. 아브라함은 지금 인생 최고의 시험을 맞이했고, 믿음으로 모리아 산을 올랐습니다. 아브라함은 이삭이 번제할 어린 양에 대해서 묻자 다음과 같이 말합니다. "내 아들아 번제할 어린 양은 하나님이 자기를 위하여 친히 준비하시리라"(8절). 이해할 수 없는 시험 문제를 안고 모리아 산을 오르는 동안 아브라함은 하나님에 대해서 의심하는 것이 아니라, 확고한 믿음을 가지고 있었습니다. 믿음으로 모리아 산을 오른다면 'test'는 삶을 'up-grade'시키는 통로가 됩니다. 모리아 산까지 가는 사흘 동안 아브라함의 믿음은 더욱 굳건해진 것입니다. 시험의 산을 믿음으로 오르길 축복합니다.

📍🗺 하나님을 경외함으로 순종하라

모리아 산을 오르기 위해서는 힘이 있어야 합니다. 그 힘이 바로 순종입니다. 모리아 산은 순종으로만 올라갈 수 있습니다. 근본적으로 생각해 볼 때 시험에서 넘어지는 이유는 순종하지 않기 때문입니다. 여호와의 사자는 아브라함이 철저하게 순종하는 모습을 보고 다음과 같이 말합니다. "사자가 이르시되 그 아이에게 네 손을 대지 말라 그에게 아무 일도 하지 말라 네가 네 아들 네 독자까지도 내게 아끼지 아니하였으니 내가 이제야 네가 하나님을 경외하는 줄을 아노라"(12절). "이제야"라는 단어가 눈에 들어옵니다. 아브라함의 아끼지 않는 순종을 통해 하나님을 얼마나 경외하는지가 증명됩니다. 시험을 통해 하나님을 얼마나 경외하는지 증명하는 가정이 되길 축복합니다.

모리아 산은 시험의 산이었으나 결국 축복의 산이었고, '여호와 이레'의 하나님을 경험하는 산이었습니다. 아브라함 인생 최고의 시험의 순간이 하나님을 가장 크게 경험하는 시간이 된 것입니다. 아브라함이 시험의 산인 모리아 산을 믿음으로 정복한 것처럼, 다가오는 모든 시험에서 승리하는 가정이 되길 축복합니다.

📍 나눔

1. 시험을 통해 나의 삶(믿음, 사고, 내면)이 성장한 경험이 있다면 가족과 나눠 보세요.

2. 우리 가정이 지금의 상황에서 하나님을 경외하는 마음으로 순종할 것은 무엇인가요?

📍 기도

하나님, 시험을 만날 때 포기하거나 주저앉지 않고 주와 함께 승리하는 가정 되길 원합니다. 시험을 통해 더욱 믿음이 굳건해지고 하나님을 경외함으로 순종하는 가정이 되게 하옵소서. 시험을 통해 '여호와 이레'의 은혜를 경험하게 하옵소서.

📍 우리 가족 이번 주 미션

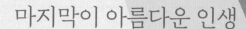

마지막이 아름다운 인생

창세기 25장 1-11절
찬송가 546장 주님 약속하신 말씀 위에 서

창세기 25장 1-11절

1 아브라함이 후처를 맞이하였으니 그의 이름은 그두라라

2 그가 시므란과 욕산과 므단과 미디안과 이스박과 수아를 낳고

3 욕산은 스바와 드단을 낳았으며 드단의 자손은 앗수르 족속과 르두시 족속과 르움미 족속이며

4 미디안의 아들은 에바와 에벨과 하녹과 아비다와 엘다아이니 다 그두라의 자손이었더라

5 아브라함이 이삭에게 자기의 모든 소유를 주었고

6 자기 서자들에게도 재산을 주어 자기 생전에 그들로 하여금 자기 아들 이삭을 떠나 동방 곧 동쪽 땅으로 가게 하였더라

7 아브라함의 향년이 백칠십오 세라

8 그의 나이가 높고 늙어서 기운이 다하여 죽어 자기 열조에게로 돌아가매

9 그의 아들들인 이삭과 이스마엘이 그를 마므레 앞 헷 족속 소할의 아들 에브론의

밭에 있는 막벨라 굴에 장사하였으니

10 이것은 아브라함이 헷 족속에게서 산 밭이라 아브라함과 그의 아내 사라가 거기 장사되니라

11 아브라함이 죽은 후에 하나님이 그의 아들 이삭에게 복을 주셨고 이삭은 브엘라해로이 근처에 거주하였더라

이 세상에서 변함없는 가장 분명한 진실은 '모든 사람은 죽는다'는 것입니다. 오늘 본문의 아브라함 역시 모든 사람이 겪는 죽음을 경험합니다. 75세에 갈대아 우르에서 하나님께 부름을 받은 이후로 100년의 세월을 믿음으로 산 아브라함은 믿음의 조상이라는 명성에 걸맞게 생의 마지막 순간까지 아름다운 믿음의 모습을 보여 줍니다.

📍 마지막까지 믿음의 경주를 해야 합니다

하나님은 갈대아 우르에서 아브라함을 부르실 때 자손과 땅에 대한 약속을 주셨습니다. 이름도 아브람에서 아브라함으로 바꾸시고 열국의 아비가 되는 비전을 주셨습니다. 그로부터 100년이 지나 175세가 된 아브라함에게 주어진 땅은 몇 평 되지 않는 막벨라 굴이 전부이고, 약속의 자녀인 이삭은 25년 만에 얻게 되었으며 손자까지 보더라도 그 수가 얼마 되지 않았습니다. 하나님의 약속의 성취가 신속하고 풍성하게 실현된 것이 아니라, 희미하고 힘겹게 실현된 것처럼 보입니다. 그럼에도 불구하고 아브라함은 결코 믿음의 경주를 멈추지 않았습니다. 그리고 우리는 지금 하나님께서 아브라함에게 주신 약속이 어떻게 성

취되었는지를 확실히 알고 있습니다. "이르시되 내가 반드시 너에게 복 주고 복 주며 너를 번성하게 하고 번성하게 하리라 하셨더니 그가 이같이 오래 참아 약속을 받았느니라"(히 6:14-15). 아브라함은 마지막 순간까지 오래 참음으로 그가 달려야 할 모든 경주를 마쳤습니다. 인생의 마지막 순간까지 믿음의 경주를 포기하지 않는 가정이 되길 축복합니다. 마지막이 아름다운 가정이 진짜 복된 가정입니다.

🗺️ 마지막까지 가정을 잘 돌봐야 합니다

아브라함은 인생의 마지막에 자녀들의 삶을 정리해 줍니다. 본문 1절부터 4절까지를 보면 아브라함에게는 이삭과 이스마엘 말고도, 그두라에게서 낳은 6명의 아들이 더 있었습니다. 아브라함은 이삭과 나머지 아들을 구별했고, 나머지 아들들은 이삭을 떠나 살게 했습니다. 아브라함은 죽는 순간까지도 영적인 상속자가 누구인지를 분명하게 알고 있었던 것입니다. 오직 사라가 낳은 이삭만이 아브라함의 기업을 얻게 될 영적 후손이었습니다(창 21:10, 13). 그래서 인생의 마지막 순간에 이삭을 위해 형제들을 정리한 것입니다.

가정 안에서 믿음의 세대 계승이 이루어져야 합니다. 부모는 마지막까지 자녀의 믿음이 성장할 수 있도록 헌신해야 합니다. 그리고 자녀는 부모의 믿음을 이어받아 더 풍성한 믿음의 가정이 되어야 합니다.

아브라함이 출생했던 순간에 대해서는 알려진 바가 없습니다. 하지만 그의 죽음에 대해서는 모든 성도가 알고 있습니다. 그는 마지막 순간까지 믿음의 세대 계승을 위해 최선의 노력을 다했습니다. 인생의 마지막 순간에 자녀들에게 풍성한 믿음의 유산을 남겨 주는 부모가 되길 축복합니다.

📍 나눔

1. 인생의 마지막 순간까지 내가 감당해야 할 사명은 무엇입니까?
2. 인생의 마지막 순간에 나는 유언으로 어떤 말을 남기겠습니까?

📍 기도

하나님, 인생의 마지막이 처음보다 아름다운 가정이 되길 원합니다. 마지막까지 믿음의 선한 싸움을 하며, 달려갈 길을 흔들림 없이 걸어가게 하옵소서. 무엇보다 믿음의 세대 계승을 가장 중요한 삶의 과업으로 여기는 믿음의 명가가 되게 하옵소서. 언약의 성취자 되시는 예수님의 이름으로 기도합니다. 아멘.

📍 우리 가족 이번 주 미션

_____

_____

_____

_____

_____

_____

_____

_____

_____

_____

온유한 자가 사는 법

창세기 26장 12-22절
찬송가 384장 나의 갈 길 다 가도록

창세기 26장 12-22절

12 이삭이 그 땅에서 농사하여 그 해에 백 배나 얻었고 여호와께서 복을 주시므로

13 그 사람이 창대하고 왕성하여 마침내 거부가 되어

14 양과 소가 떼를 이루고 종이 심히 많으므로 블레셋 사람이 그를 시기하여

15 그 아버지 아브라함 때에 그 아버지의 종들이 판 모든 우물을 막고 흙으로 메웠더라

16 아비멜렉이 이삭에게 이르되 네가 우리보다 크게 강성한즉 우리를 떠나라

17 이삭이 그 곳을 떠나 그랄 골짜기에 장막을 치고 거기 거류하며

18 그 아버지 아브라함 때에 팠던 우물들을 다시 팠으니 이는 아브라함이 죽은 후에 블레셋 사람이 그 우물들을 메웠음이라 이삭이 그 우물들의 이름을 그의 아버지가 부르던 이름으로 불렀더라

19 이삭의 종들이 골짜기를 파서 샘 근원을 얻었더니

20 그랄 목자들이 이삭의 목자와 다투어 이르되 이 물은 우리의 것이라 하매 이삭이 그 다툼으로 말미암아 그 우물 이름을 에섹이라 하였으며

65

21 또 다른 우물을 팠더니 그들이 또 다투므로 그 이름을 싯나라 하였으며
22 이삭이 거기서 옮겨 다른 우물을 팠더니 그들이 다투지 아니하였으므로 그 이름을 르호봇이라 하여 이르되 이제는 여호와께서 우리를 위하여 넓게 하셨으니 이 땅에서 우리가 번성하리로다 하였더라

아브라함을 생각할 때 가장 먼저 떠오르는 단어는 '믿음'입니다. 그리고 '이삭' 하면 가장 먼저 '온유'라는 단어가 생각납니다. 성경에서 이삭은 온유한 사람의 대표 격입니다. 온유라는 단어를 들으면 힘이 없고 나약한 것처럼 느껴지지만 사실은 그렇지가 않습니다. 온유는 예수님의 마음입니다. "나는 마음이 온유하고 겸손하니 나의 멍에를 메고 내게 배우라"(마 11:29). 온유한 마음은 저절로 주어지지 않습니다. 배워서 익혀야 하는 마음입니다. 온유한 마음은 하나님의 뜻대로 사는 마음입니다. 기분이 좋을 때 한시적으로 관대하고, 기분이 안 좋으면 화를 내는 것은 누구나 할 수 있습니다. 온유한 마음이란 매 순간 온유한 상태입니다. 이런 마음은 복 있는 마음입니다. 그렇다면 온유한 사람은 어떻게 살아갑니까?

내적 부요함 때문에 외적 싸움에 휘말리지 않습니다

이삭은 땅의 축복을 받은 사람이었습니다. 그가 농사를 짓자 그 해에 100배나 결실을 얻게 됩니다(창 26:12). 노력한 만큼만 결실을 얻어도 잘된 것인데, 100배의 수익을 남긴 것입니다. 그러자 이삭을 시기한 블

레셋 사람이 찾아와 이삭이 판 우물을 흙으로 메우고 그 땅에서 이삭을 쫓아냈습니다. 참으로 기가 막히고 억울한 일이 아닐 수 없습니다. 이런 상황이 우리 가정에 일어나면 어떻게 반응하겠습니까? 나의 일이 아닌데도 화가 나는데 이런 일이 우리 가정 안에서 벌어진다면 참을 수가 없을 것 같습니다. 하지만 온유한 이삭은 다르게 반응합니다. 충분히 권리를 주장하고 다툴 수도 있는 상황에서 조용히 분쟁의 자리를 떠납니다. 이삭이 힘이 없어서가 아니라 하나님으로 인한 내면의 부요함이 있었기 때문입니다. 이삭은 자신이 얻은 부유함이 하나님으로부터 왔음을 알았습니다(12절).

우물이 복을 주는 것이 아니라 하나님이 복을 주십니다. 그러므로 하나님과 함께한다면 어디를 가나 복을 받을 것입니다. 내적 부유함이 있는 사람은 외적 싸움에 휘말리지 않습니다.

📍🗺️ 하나님의 때를 기다립니다

이삭은 가는 곳마다 복을 받았습니다. 그리고 대적자들은 계속해서 싸움을 걸어 왔습니다. 이삭은 분쟁이 있었던 우물에 이름을 붙였습니다. 첫 번째는 "에섹"입니다. 이는 '불공평하게 강탈당했다'는 뜻입니다. 두 번째는 "싯나"입니다. 뜻은 '원수같이 웅크리고 있다'입니다. 즉 이삭도 우물을 빼앗기는 것이 마음 아팠다는 것을 알 수 있습니다. 그리고 마지막 우물의 이름은 "르호봇"입니다. 이는 '넓다'는 의미로, 이제는 하나님께서 넓게 하셨다는 것을 고백하는 것입니다. 인내의 시간을 다 마친 후에 비로소 하나님이 지경을 넓히시는 것을 경험했습니다. 이삭이 평화를 선택한 것은 그가 비굴해서가 아닙니다. 화평을 구할 때 하나님께서 반드시 인도하실 것이라는 믿음이 있었고, 미움에 대한 궁극적인 승리는 사랑뿐임을 알았기 때문입니다. 다툼과 시기, 온갖 부정적인 감정을 이겨 낼 수 있는 힘은 하나님의 때를 기다려 하나님의 은혜로 덮어 버리는 것, 바로 그것입니다.

예수님은 산상수훈에서 제자들에게 말씀하셨습니다. "온유한 자는 복이 있나니 그들이 땅을 기업으로 받을 것임이요"(마 5:5). 이 구절에 가장 잘 어울리는 사람은 이삭입니다. 이삭이 밟는 모든 땅은 축복의 땅이었습니다. 땅 자체에 효력이 있다기보다는 하나님과 늘 함께했기 때문입니다. 예수님의 마음인 온유를 배우기 바랍니다. 그리고 온유한 자가 받는 복을 누리는 가정이 되길 축복합니다.

♀ 나눔

1. 마땅히 화를 낼 만한 상황이었는데 하나님의 은혜로 분쟁을 피한 경험이 있다면 가족과 나눠 보세요.
2. 온유하게 하나님의 때를 기다려서 결국 좋은 결과를 얻은 경험이 있다면 가족과 나눠 보세요.

♀ 기도

하나님, 우리 가정이 예수님의 마음을 닮은 온유한 가정이 되길 원합니다. 우리 가정에 온유를 가르쳐 주시옵소서. 매 순간, 어떤 일을 당하든지 하나님의 마음으로 반응하게 하옵소서. 온유하신 예수님의 이름으로 기도합니다. 아멘.

♀ 우리 가족 이번 주 미션

벧엘의 하나님을
경험하라

창세기 28장 10-22절
찬송가 28장 복의 근원 강림하사

창세기 28장 10-22절

10 야곱이 브엘세바에서 떠나 하란으로 향하여 가더니

11 한 곳에 이르러는 해가 진지라 거기서 유숙하려고 그 곳의 한 돌을 가져다가 베개로 삼고 거기 누워 자더니

12 꿈에 본즉 사닥다리가 땅 위에 서 있는데 그 꼭대기가 하늘에 닿았고 또 본즉 하나님의 사자들이 그 위에서 오르락내리락 하고

13 또 본즉 여호와께서 그 위에 서서 이르시되 나는 여호와니 너의 조부 아브라함의 하나님이요 이삭의 하나님이라 네가 누워 있는 땅을 내가 너와 네 자손에게 주리니

14 네 자손이 땅의 티끌 같이 되어 네가 서쪽과 동쪽과 북쪽과 남쪽으로 퍼져나갈지며 땅의 모든 족속이 너와 네 자손으로 말미암아 복을 받으리라

15 내가 너와 함께 있어 네가 어디로 가든지 너를 지키며 너를 이끌어 이 땅으로 돌아오게 할지라 내가 네게 허락한 것을 다 이루기까지 너를 떠나지 아니하리라 하신지라

16 야곱이 잠이 깨어 이르되 여호와께서 과연 여기 계시거늘 내가 알지 못하였도다

17 이에 두려워하여 이르되 두렵도다 이 곳이여 이것은 다름 아닌 하나님의 집이요 이는 하늘의 문이로다 하고

18 야곱이 아침에 일찍이 일어나 베개로 삼았던 돌을 가져다가 기둥으로 세우고 그 위에 기름을 붓고

19 그 곳 이름을 벧엘이라 하였더라 이 성의 옛 이름은 루스더라

20 야곱이 서원하여 이르되 하나님이 나와 함께 계셔서 내가 가는 이 길에서 나를 지키시고 먹을 떡과 입을 옷을 주시어

21 내가 평안히 아버지 집으로 돌아가게 하시오면 여호와께서 나의 하나님이 되실 것이요

22 내가 기둥으로 세운 이 돌이 하나님의 집이 될 것이요 하나님께서 내게 주신 모든 것에서 십분의 일을 내가 반드시 하나님께 드리겠나이다 하였더라

야곱은 형 에서를 피해 고향을 떠나 밧단아람에 있는 삼촌 집으로 도망치고 있습니다. 장자권을 빼앗긴 에서가 언제 들이닥칠지 모르는 상황에서 해가 진 것입니다. 해가 진 상황에서는 가던 길을 멈춰야 합니다. 해가 진 상황에서 할 수 있는 일은 돌을 베고 억지로라도 잠을 청하는 것 외에는 없습니다(11절). 살다 보면 해가 진 상황을 맞이할 때가 있습니다. 건강의 해가 지고, 사업의 해가 지고, 재정의 해가 지고, 관계의 해가 지기도 합니다. 초라하고 힘든 밤입니다. 하지만 그때가 바로 하나님이 일하시는 시간입니다. 야곱에게 해가 진 곳이 바로 벧엘이었습니다. 우리 가정도 벧엘의 하나님을 경험해야 합니다.

📍🗺 하나님은 해가 진 곳에 빛으로 찾아오십니다

야곱은 에서의 분노를 피해 자신의 집 브엘세바에서 800킬로미터나 떨어진 하란으로 도망칩니다. 누구도 따라올 수 없게 힘을 다해 도망칩니다. 정신없이 도망을 치다 보니 해가 졌고, 이제는 돌을 베고 잠을 청할 수밖에 없었습니다. 누구도 따라올 수 없을 것이라고 생각했는데 하나님이 함께하고 계셨습니다(12절). 전혀 예상할 수 없는 뜻밖의 장소에서 하나님을 만난 것입니다. 필립 얀시는 자신의 책 『뜻밖의 장소에서 만난 하나님』(두란노, 2000)에서 하나님은 세상이라고 알려진 일터, 깨어진 사회, 일간신문, 일상의 틈새에 계신다고 했습니다.

야곱 역시 극심한 공포와 불안의 순간에 하나님을 만났습니다. 땅과 하늘을 연결하는 사닥다리를 보았는데 하나님의 사자가 오르락내리락 하는 것입니다. "내가 너와 함께 있어 네가 어디로 가든지 너를 지키며 너를 이끌어 이 땅으로 돌아오게 할지라 내가 네게 허락한 것을 다 이루기까지 너를 떠나지 아니하리라 하신지라"(15절). 야곱의 입장에서 이 말보다 더 큰 위로는 없습니다. 하나님은 찾아오시는 분입니다. 아니, 먼저 그곳에서 기다리시는 분입니다.

📍🗺 하나님은 약속을 반드시 성취하십니다

고향을 떠나는 야곱은 언제 다시 고향으로 돌아올지 모릅니다. 고대 사회에서 고향을 떠나는 것은 미지의 땅으로 들어가는 것입니다. 속임

수로 장자권을 얻었지만 가족과 고향을 떠난다면 의미 없는 것입니다. 그런데 하나님은 야곱에게 아브라함과 맺었던 언약과 동일한 언약을 맺어 주십니다. "또 본즉 여호와께서 그 위에 서서 이르시되 나는 여호와니 너의 조부 아브라함의 하나님이요 이삭의 하나님이라 네가 누워 있는 땅을 내가 너와 네 자손에게 주리니"(13절). 아브라함과 약속하셨던 땅과 자손에 대한 약속을 야곱에게도 동일하게 하신 것입니다. 야곱은 포기했을지 모를 언약을 하나님께서는 포기하지 않으셨습니다. 하나님의 열심이 하나님의 일을 성취하실 것입니다. 야곱은 일어나 베개로 삼았던 돌을 기둥으로 세우고 그 위에 기름을 붓습니다. 그리고 그곳 이름을 '벧엘'이라고 짓습니다. '벧엘의 하나님'의 은혜를 경험하는 가정이 되길 바랍니다. 하나님과의 약속을 끝까지 신뢰하고, 반드시 성취하실 하나님에 대한 믿음이 약해지지 않는 가정이 되길 바랍니다.

해가 진 곳, 뜻밖의 장소까지 찾아오시는 하나님을 신뢰하기 바랍니다. 하나님의 약속은 변함이 없고, 반드시 성취될 것입니다. 우리가 할 일은 내가 있는 곳이 하나님과 함께하는 벧엘임을 확신하고 그곳에서 날마다 예배하는 것입니다. 그러한 가정이 되길 축복합니다.

♀ 나눔

1. 뜻밖의 장소에서 하나님을 만난 경험이 있다면 나눠 보세요.
2. 나는 무능력하지만 하나님의 은혜로 성취된 약속이 있다면 가족과 나눠 보세요.

♀ 기도

좌절의 땅을 소망의 땅으로 바꾸시고, 해가 진 곳에 빛으로 찾아오시는 하나님, 감사드립니다. 언약을 성취하시는 하나님을 믿으며 말씀 안에서 평안히 살아가는 가정이 되게 하옵소서. 우리 가정이 하늘과 연결된 벧엘이 되길 소망합니다. 영원히 함께하시는 예수님의 이름으로 기도합니다. 아멘.

♀ 우리 가족 이번 주 미션

결국 하나님의 뜻대로 됩니다

창세기 30장 9-24절

찬송가 425장 주님의 뜻을 이루소서

창세기 30장 9-24절

9 레아가 자기의 출산이 멈춤을 보고 그의 시녀 실바를 데려다가 야곱에게 주어 아내로 삼게 하였더니

10 레아의 시녀 실바가 야곱에게서 아들을 낳으매

11 레아가 이르되 복되도다 하고 그의 이름을 갓이라 하였으며

12 레아의 시녀 실바가 둘째 아들을 야곱에게 낳으매

13 레아가 이르되 기쁘도다 모든 딸들이 나를 기쁜 자라 하리로다 하고 그의 이름을 아셀이라 하였더라

14 밀 거둘 때 르우벤이 나가서 들에서 합환채를 얻어 그의 어머니 레아에게 드렸더니 라헬이 레아에게 이르되 언니의 아들의 합환채를 청구하노라

15 레아가 그에게 이르되 네가 내 남편을 빼앗은 것이 작은 일이냐 그런데 네가 내 아들의 합환채도 빼앗고자 하느냐 라헬이 이르되 그러면 언니의 아들의 합환채 대신에 오늘 밤에 내 남편이 언니와 동침하리라 하니라

16 저물 때에 야곱이 들에서 돌아오매 레아가 나와서 그를 영접하며 이르되 내게로 들어오라 내가 내 아들의 합환채로 당신을 샀노라 그 밤에 야곱이 그와 동침하였더라

17 하나님이 레아의 소원을 들으셨으므로 그가 임신하여 다섯째 아들을 야곱에게 낳은지라

18 레아가 이르되 내가 내 시녀를 내 남편에게 주었으므로 하나님이 내게 그 값을 주셨다 하고 그의 이름을 잇사갈이라 하였으며

19 레아가 다시 임신하여 여섯째 아들을 야곱에게 낳은지라

20 레아가 이르되 하나님이 내게 후한 선물을 주시도다 내가 남편에게 여섯 아들을 낳았으니 이제는 그가 나와 함께 살리라 하고 그의 이름을 스불론이라 하였으며

21 그 후에 그가 딸을 낳고 그의 이름을 디나라 하였더라

22 하나님이 라헬을 생각하신지라 하나님이 그의 소원을 들으시고 그의 태를 여셨으므로

23 그가 임신하여 아들을 낳고 이르되 하나님이 내 부끄러움을 씻으셨다 하고

24 그 이름을 요셉이라 하니 여호와는 다시 다른 아들을 내게 더하시기를 원하노라 하였더라

"사촌이 땅을 사면 배가 아프다"라는 속담이 있습니다. 남이 잘되는 것을 기뻐해 주는 대신 질투하고 시기함을 이르는 말입니다. 오늘 본문에 등장하는 레아와 라헬의 관계에서도 우리는 본능적으로 일어나는 시기와 질투를 볼 수 있습니다. 오늘 본문을 통해 우리가 발견할 수 있는 영적 교훈을 살펴보도록 하겠습니다.

📍🗺️ 인간의 계획이 결과를 보장하지 못합니다

라헬은 빌하를 통해 아들을 얻지만 만족하지 못합니다. 자신이 직접 아이를 낳지 않고는 견딜 수가 없는 것입니다. 오직 아이를 낳아야겠다는 욕심으로 가득 찼던 라헬은 인간적인 방법을 선택합니다. "밀 거둘 때 르우벤이 나가서 들에서 합환채를 얻어 그의 어머니 레아에게 드렸더니 라헬이 레아에게 이르되 언니의 아들의 합환채를 청구하노라"(14절). 라헬은 르우벤이 합환채를 어머니 레아에게 드렸다는 소문을 듣게 되었습니다. 급기야 레아를 찾아가 합환채를 달라고 말합니다. 고대인들은 이것이 성욕을 촉진시킬 뿐 아니라 불임 여성들의 수태력을 증진하는 효능을 가진 것으로 믿었습니다. 라헬은 합환채를 준다면 오늘 밤 야곱이 언니와 동침하게 해 주겠다고 약속합니다. 이렇게 라헬은 합환채를 손에 넣게 됩니다. 그런데 이게 웬일입니까? 합환채까지 동원했던 라헬은 전혀 임신 소식이 없는데 오히려 출산이 멈췄던 레아가 임신을 했습니다. 라헬이 인간적인 방법을 동원해 보았지만 그 결과는 허망했습니다. 우리의 인생도 마찬가지입니다. 우리가 아무리 애쓰고 노력한다 해도 모든 것이 우리의 뜻대로 되는 것은 아닙니다. 나를 의지했던 마음을 내려놓고 온 우주 만물을 통치하시는 하나님만 의지할 수 있기를 간절히 축원합니다.

📍 하나님의 일하심은 놀라운 결과를 낳습니다

라헬은 갖은 수단과 방법을 동원했지만 결국 임신하지 못했습니다. 그런데 그토록 이루어지지 않았던 임신이 하루아침에 해결됩니다. "하나님이 라헬을 생각하신지라 하나님이 그의 소원을 들으시고 그의 태를 여셨으므로"(22절). 인간의 방법으로는 도무지 열리지 않았던 태의 문이 하나님의 일하심을 통해 활짝 열린 것입니다. 여기서 '생각하다'라는 단어는 히브리말로 '자카르'인데 이는 '기억하다'라는 의미입니다. 중요한 것은 이 단어가 하나님께 걸려 있을 때는 하나님의 아낌없는 사랑을 표현하는 데 사용된다는 사실입니다.

우리가 또 한 가지 살펴봐야 할 부분은 하나님의 일하심을 통해 나타난 약속의 성취입니다. 라헬이 요셉과 베냐민을 출산하면서 야곱의 아들은 열두 명이 되고 이 아들들은 이스라엘 열두 지파를 이룹니다. 레아와 라헬이 아기 낳기 경쟁을 하면서 다투는 가운데에서도 하나님은 당신이 약속하신 바를 신실하게 이루어 가고 계셨습니다.

라헬이 인간적인 방법을 동원했지만 결국 실패했습니다. 하지만 하나님이 일하셨을 때 라헬은 소원을 이루게 되었습니다. 그뿐만 아니라 하나님의 일하심은 이스라엘 민족의 열두 지파를 탄생케 했습니다. 하나님이 약속하셨던 바를 이루시는 놀라운 결과였습니다. 하나님은 지금도 살아 계십니다. 또한 신실하게 일하고 계십니다. 언제나 약속하신 것을 이루시는 신실한 하나님을 의지하며 승리하는 여러분이 되기를 주님의 이름으로 간절히 축원합니다.

📍 나눔

1. 정말 치밀하게 계획을 세웠으나 허망한 결과를 낳은 일이 있다면 가족과 나눠 보세요.
2. 전혀 예상하지 못했으나 하나님의 특별한 은혜를 경험한 적이 있다면 가족과 나눠 보세요.

📍 기도

하나님, 사람이 마음으로 자기의 길을 계획할지라도 그 걸음을 인도하시는 분은 하나님이심을 믿습니다. 인간적인 방법과 계획을 포기하게 하시고, 오직 하나님의 선하신 뜻을 구하는 가정이 되게 하옵소서. 우리 가정을 선하게 인도하실 예수님의 이름으로 기도합니다. 아멘.

📍 우리 가족 이번 주 미션

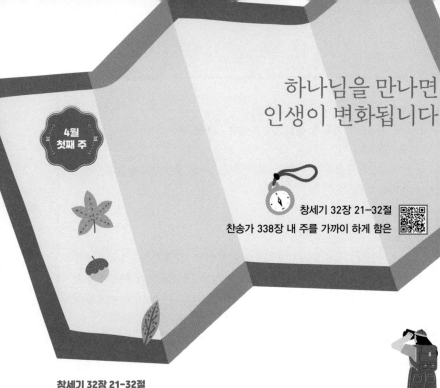

하나님을 만나면
인생이 변화됩니다

창세기 32장 21-32절
찬송가 338장 내 주를 가까이 하게 함은

창세기 32장 21-32절

21 그 예물은 그에 앞서 보내고 그는 무리 가운데서 밤을 지내다가

22 밤에 일어나 두 아내와 두 여종과 열한 아들을 인도하여 얍복 나루를 건널새

23 그들을 인도하여 시내를 건너게 하며 그의 소유도 건너게 하고

24 야곱은 홀로 남았더니 어떤 사람이 날이 새도록 야곱과 씨름하다가

25 자기가 야곱을 이기지 못함을 보고 그가 야곱의 허벅지 관절을 치매 야곱의 허벅
지 관절이 그 사람과 씨름할 때에 어긋났더라

26 그가 이르되 날이 새려하니 나로 가게 하라 야곱이 이르되 당신이 내게 축복하지
아니하면 가게 하지 아니하겠나이다

27 그 사람이 그에게 이르되 네 이름이 무엇이냐 그가 이르되 야곱이니이다

28 그가 이르되 네 이름을 다시는 야곱이라 부를 것이 아니요 이스라엘이라 부를 것
이니 이는 네가 하나님과 및 사람들과 겨루어 이겼음이니라

29 야곱이 청하여 이르되 당신의 이름을 알려주소서 그 사람이 이르되 어찌하여 내

이름을 묻느냐 하고 거기서 야곱에게 축복한지라

30 그러므로 야곱이 그 곳 이름을 브니엘이라 하였으니 그가 이르기를 내가 하나님과 대면하여 보았으나 내 생명이 보전되었다 함이더라

31 그가 브니엘을 지날 때에 해가 돋았고 그의 허벅다리로 말미암아 절었더라

32 그 사람이 야곱의 허벅지 관절에 있는 둔부의 힘줄을 쳤으므로 이스라엘 사람들이 지금까지 허벅지 관절에 있는 둔부의 힘줄을 먹지 아니하더라

어릴 적 '다방구'라는 게임을 동네에서 참 많이 했습니다. 술래가 쫓아오면 잡히지 않게 계속 도망치는 게임입니다. 한참을 잡히지 않으려고 도망치다 보면 어느 순간 도망치는 것도 힘들어서 일부러 잡힐 때도 있었습니다. 게임도 그러한데 인생 자체를 계속 쫓기듯 살면 정말 힘들 것입니다. 야곱은 평생을 쫓기듯 살았습니다. 형 에서에게서 장자권을 빼앗아 도망쳤지만 다시금 고향으로 돌아가야 했습니다. 앞에서는 형 에서가 부하 400명을 거느리고 달려오고 있습니다. 위기를 모면하기 위해 두 아내와 두 여종과 열한 아들을 자신의 소유와 함께 앞서 보냅니다. 문제를 해결하기 위해 자신이 소유한 모든 것을 걸었지만 두렵기만 합니다. 우리는 기억해야 합니다. 내가 가진 이 땅의 것으로 이 땅의 문제를 해결할 수 없습니다. 깊은 구덩이에 빠진 사람이 구덩이 안의 것으로 구덩이를 빠져나올 수 없는 것과 같습니다. 구덩이 밖에서 도움을 받아야 빠져나갈 수 있습니다. 즉 이 땅의 문제는 이 땅의 문제를 주관하시는 하나님을 만나야 해결할 수 있습니다. 야곱은 어떻게 하나님을 만났습니까?

📍📖 절대로 포기하지 마라

의지할 것이 아무것도 없었던 야곱은 하나님만을 붙잡습니다(24절). 날이 새도록 하나님만을 붙잡습니다. 야곱은 그 이름의 뜻과 같이 평생을 '속이는 자'로 살았습니다. 자신의 계획과 꾀를 의지하며 평생을 살았습니다. 하지만 평생을 수고하여 얻은 것으로는 근본적인 삶의 문제를 해결할 수 없다는 것을 깨닫습니다. 그리고 날이 새도록 하나님만 붙잡습니다. 결국 하나님만이 우리 인생의 해결자이십니다. 그러므로 하나님 만나기를 포기하지 말아야 합니다. 얍복 나루의 야곱처럼 우리 가정 역시 얍복 나루 위에 서야 합니다. 우리 가정은 하나님의 은혜가 아니면 살 수 없는 가정이란 것을 깨달아야 합니다. 허벅지 관절이 어긋나는 고통이 있더라도 끝까지 하나님만을 붙잡아야 합니다(25절). 이 진리를 빨리 깨달을수록 우리 인생은 평안해질 것입니다.

📍📖 하나님 안에서 새로운 정체성을 발견하라

하나님을 강하게 붙잡은 야곱에게 하나님이 질문하십니다. "네 이름이 무엇이냐?" 하나님은 야곱의 정체성을 질문하신 것입니다. 이에 야곱은 "야곱이니이다", 즉 "나는 속이는 자입니다"라고 고백합니다. 하나님은 야곱에게 새로운 정체성을 부여하십니다. "그가 이르되 네 이름을 다시는 야곱이라 부를 것이 아니요 이스라엘이라 부를 것이니 이는 네가 하나님과 및 사람들과 겨루어 이겼음이니라"(28절). 하나님은 야곱의 정체성을 '속이는 자'에서 '하나님과 겨루어 이긴 자'로 바꾸셨습니다. 이것은 단순한 이름의 변화가 아니라 정체성의 변화를 의미합니다. 진정한 변화는 환경의 변화가 아니라 내면의 변화입니다. 세상은 늘 요동칠 것입니다. 하지만 내면이 하나님으로 가득 찬 사람은 흔들림이 없습니다. 야곱은 다리를 절면서 기우뚱거리며 걷지만 그의 내면은 어느 때보다도 평안합니다.

야곱이 브니엘을 떠날 때 해가 돋았습니다(31절). 인생의 어둠이 걷히고 새로운 태양이 떠오를 것입니다. 야곱 인생은 브니엘을 기준으로 나뉩니다. 하나님을 만나면 인생이 변화합니다. 하나님의 얼굴을 구하는 가정에 새로운 태양이 떠오를 것입니다.

♀ 나눔

1. 얍복 나루의 야곱처럼 간절히 하나님만을 붙잡은 경험이 있다면 가족과 나눠 보세요.

2. 하나님 안에서 나의 정체성은 무엇인가요? 다음의 문장을 완성하고 가족과 나눠 보세요.

   "하나님 안에서 나는 _____입니다."

♀ 기도

하나님, 우리 가정의 시선이 날마다 하나님의 얼굴로 향하길 원합니다. 사방이 막힌 상황에서도 뚫린 하늘을 바라보며 하나님의 얼굴을 구하는 가정이 되게 하옵소서. 하나님의 이름을 최후에 부르는 것이 아니라 최초에 부르는 가정이 되게 하옵소서. 우리 가정을 바라보시는 예수님의 이름으로 기도합니다. 아멘.

♀ 우리 가족 이번 주 미션

_____

_____

_____

_____

_____

_____

_____

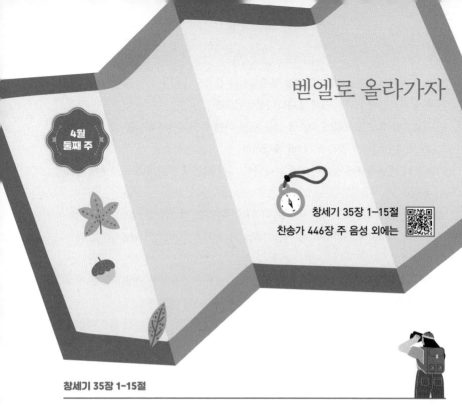

벧엘로 올라가자

창세기 35장 1-15절
찬송가 446장 주 음성 외에는

창세기 35장 1-15절

1 하나님이 야곱에게 이르시되 일어나 벧엘로 올라가서 거기 거주하며 네가 네 형에서의 낯을 피하여 도망하던 때에 네게 나타났던 하나님께 거기서 제단을 쌓으라 하신지라

2 야곱이 이에 자기 집안 사람과 자기와 함께 한 모든 자에게 이르되 너희 중에 있는 이방 신상들을 버리고 자신을 정결하게 하고 너희들의 의복을 바꾸어 입으라

3 우리가 일어나 벧엘로 올라가자 내 환난 날에 내게 응답하시며 내가 가는 길에서 나와 함께 하신 하나님께 내가 거기서 제단을 쌓으려 하노라 하매

4 그들이 자기 손에 있는 모든 이방 신상들과 자기 귀에 있는 귀고리들을 야곱에게 주는지라 야곱이 그것들을 세겜 근처 상수리나무 아래에 묻고

5 그들이 떠났으나 하나님이 그 사면 고을들로 크게 두려워하게 하셨으므로 야곱의 아들들을 추격하는 자가 없었더라

6 야곱과 그와 함께 한 모든 사람이 가나안 땅 루스 곧 벧엘에 이르고

7 그가 거기서 제단을 쌓고 그 곳을 엘벧엘이라 불렀으니 이는 그의 형의 낯을 피할 때에 하나님이 거기서 그에게 나타나셨음이더라

8 리브가의 유모 드보라가 죽으매 그를 벧엘 아래에 있는 상수리나무 밑에 장사하고 그 나무 이름을 알론바굿이라 불렀더라

9 야곱이 밧단아람에서 돌아오매 하나님이 다시 야곱에게 나타나사 그에게 복을 주시고

10 하나님이 그에게 이르시되 네 이름이 야곱이지마는 네 이름을 다시는 야곱이라 부르지 않겠고 이스라엘이 네 이름이 되리라 하시고 그가 그의 이름을 이스라엘이라 부르시고

11 하나님이 그에게 이르시되 나는 전능한 하나님이라 생육하며 번성하라 한 백성과 백성들의 총회가 네게서 나오고 왕들이 네 허리에서 나오리라

12 내가 아브라함과 이삭에게 준 땅을 네게 주고 내가 네 후손에게도 그 땅을 주리라 하시고

13 하나님이 그와 말씀하시던 곳에서 그를 떠나 올라가시는지라

14 야곱이 하나님이 자기와 말씀하시던 곳에 기둥 곧 돌 기둥을 세우고 그 위에 전제물을 붓고 또 그 위에 기름을 붓고

15 하나님이 자기와 말씀하시던 곳의 이름을 벧엘이라 불렀더라

우리는 살면서 크고 작은 일들을 만납니다. 이 땅 자체가 불완전한 곳이기 때문에 이 땅에서 살아가는 동안 늘 문제를 곁에 두고 살 수밖에 없습니다. 야곱의 인생 역시 문제가 끊이지 않습니다. 하루는 하몰의 아들 세겜이 야곱의 딸 디나를 강간하는 일이 벌어졌습니다. 일어나서는 안 되는 일이 벌어졌습니다. 이때 야곱의 아들 시므온과 레위가 잔인한 복수극을 일으켰고 이는 곧 야곱 집안이 몰락할 수도 있는 일촉즉발의 위기 상황을 일으켰습니다(창 34:30). 인간의 능력으로는 해결

할 수 없는 상황입니다. 이때 야곱은 어떻게 위기를 극복합니까?

하나님의 음성을 따라 벧엘로 올라가야 합니다

위기의 순간에 하나님이 말씀하십니다. "하나님이 야곱에게 이르시되 일어나 벧엘로 올라가서 거기 거주하며 네가 네 형 에서의 낯을 피하여 도망하던 때에 네게 나타났던 하나님께 거기서 제단을 쌓으라 하신지라"(35:1). 성도에게 가장 큰 복은 하나님입니다. 하나님이 우리 아버지여서 얼마나 감사한지 모릅니다. 위기의 순간에 하나님은 야곱에게 나타나 피할 길을 알려 주십니다. 하나님은 벧엘로 올라가라고 말씀하십니다. 벧엘은 야곱이 에서의 낯을 피해 브엘세바에서 하란 땅으로 갈 때 하나님을 만난 곳입니다. 야곱은 이곳에서 하나님이 자신과 함께하고 계심을 깨달았습니다(28:16). 하나님은 야곱에게 그곳에 가서 제단을 쌓으라고 하십니다. 그렇습니다. 예배의 회복이 삶의 회복입니다. 예배의 제단이 견고해야 합니다. 야곱이 벧엘에서 다시 제단을 쌓을 때 무덤덤한 마음으로 쌓지 않았을 것입니다. 하나님을 향한 첫사랑의 회복이 일어나고, 지금까지 인도하신 하나님께서 앞으로도 인도하실 것이라는 뜨거운 마음으로 예배했을 것입니다. 예배의 회복이 인생의 회복입니다.

살아 계신 하나님을 만나야 합니다

야곱은 가족을 이끌고 벧엘로 향합니다. 하나님을 예배하러 가는 길에 가장 먼저 한 일은 우상을 제거하는 일이었습니다. "야곱이 이에 자기 집안 사람과 자기와 함께 한 모든 자에게 이르되 너희 중에 있는 이방 신상들을 버리고 자신을 정결하게 하고 너희들의 의복을 바꾸어 입으라"(35:2). 하나님을 믿는 야곱의 집에 우상이 있다는 사실이 놀랍습니다. 우상을 품고서는 살아 계신 하나님을 만날 수가 없습니다. 탐욕과 정욕의 우상을 잘라 내야 하나님을 만날 수 있습니다. 야곱은 드디어 벧엘에 도착했습니다. 그곳에 제단을 쌓고 '엘벧엘'이라고 이름을 붙였습니다. '엘벧엘'이란 '벧엘의 하나님'이란 뜻입니다. 이 말에 '엘'(하나님)이란 단어가 2번 반복되면서 전능하신 하나님을 강조합니다. 관념적이고 추상적인 하나님이 아니라 살아 계신 하나님을 강조하는 것입니다. 야곱의 인생 가운데 하나님은 언제나 현재형으로 함께하셨습니다. 홀로 고향 집을 떠날 때도, 라반의 집에서 지낼 때도, 다시금 고향으로 돌아올 때도 하나님은 언제나 야곱과 함께하셨습니다. 야곱은 다시금 살아 계신 하나님, 자신과 함께하시는 하나님을 예배 중에 확신합니다. 살아 계신 하나님을 만나면 안개처럼 사라질 세상일로 좌절하지 않습니다.

하나님은 벧엘에서 다시금 야곱을 축복하십니다. 하나님이 야곱에게 주셨던 새로운 이름인 이스라엘을 다시 확인시키십니다(10절). 자손과 땅에 관한 축복도 주십니다(11-12절). 우리 가정에 예배의 제단, 벧엘이 견고해야 합니다. 과거에 있었던 예배의 은혜만을 회상할 것이 아니라, 현재적인 예배의 은혜, 엘벧엘이 날마다 새롭게 세워져야 합니다. 매일의 예배를 통해 살아 계신 하나님을 만나는 가정이 되길 축복합니다.

♀ 나눔

1. 나의 인생에서 처음으로 하나님을 경험한 예배가 있다면 가족과 나눠 보세요.
2. 하나님을 만나는 데 방해가 되는 우상이 있지는 않나요? 내가 버려야 할 우상이 있다면 가족과 나눠 보세요.

♀ 기도

하나님, 우리 가정에 예배의 제단 벧엘이 견고하길 소망합니다. 예배의 회복이 가정의 회복인 줄 아오니, 우리 가정이 모여서 예배할 때마다 전심으로 예배하는 가정이 되게 하옵소서. 우리 가정에 다른 어떤 것보다 예배의 은혜가 풍성하게 하옵소서. 우리 가정의 예배를 기뻐하시는 예수님의 이름으로 기도합니다. 아멘.

♀ 우리 가족 이번 주 미션

부모의 방식 말고
하나님의 방식대로 사랑하라

창세기 37장 1–11절
은혜의 찬양 423장 주께 가오니

창세기 37장 1-11절

1 야곱이 가나안 땅 곧 그의 아버지가 거류하던 땅에 거주하였으니

2 야곱의 족보는 이러하니라 요셉이 십칠 세의 소년으로서 그의 형들과 함께 양을 칠 때에 그의 아버지의 아내들 빌하와 실바의 아들들과 더불어 함께 있었더니 그가 그들의 잘못을 아버지에게 말하더라

3 요셉은 노년에 얻은 아들이므로 이스라엘이 여러 아들들보다 그를 더 사랑하므로 그를 위하여 채색옷을 지었더니

4 그의 형들이 아버지가 형들보다 그를 더 사랑함을 보고 그를 미워하여 그에게 편안하게 말할 수 없었더라

5 요셉이 꿈을 꾸고 자기 형들에게 말하매 그들이 그를 더욱 미워하였더라

6 요셉이 그들에게 이르되 청하건대 내가 꾼 꿈을 들으시오

7 우리가 밭에서 곡식 단을 묶더니 내 단은 일어서고 당신들의 단은 내 단을 둘러서서 절하더이다

8 그의 형들이 그에게 이르되 네가 참으로 우리의 왕이 되겠느냐 참으로 우리를 다스리게 되겠느냐 하고 그의 꿈과 그의 말로 말미암아 그를 더욱 미워하더니

9 요셉이 다시 꿈을 꾸고 그의 형들에게 말하여 이르되 내가 또 꿈을 꾼즉 해와 달과 열한 별이 내게 절하더이다 하니라

10 그가 그의 꿈을 아버지와 형들에게 말하매 아버지가 그를 꾸짖고 그에게 이르되 네가 꾼 꿈이 무엇이냐 나와 네 어머니와 네 형들이 참으로 가서 땅에 엎드려 네게 절하겠느냐

11 그의 형들은 시기하되 그의 아버지는 그 말을 간직해 두었더라

열 손가락 깨물어서 안 아픈 손가락은 없지만 덜 아픈 손가락은 있기 마련입니다. 자녀가 여럿 있다 보면 마음이 더 가는 자녀가 있을 수 있습니다. 자녀 양육과 교육에 있어서 공정성은 매우 중요합니다. 부모가 자녀를 대하는 방식에 편애가 있다면 반드시 문제가 발생하고, 그 문제는 부모의 문제로만 끝나지 않고 자녀 간의 문제로까지 번질 수 있습니다. 오늘 본문의 야곱 가정에는 편애 문제가 있습니다. 이때 요셉의 나이가 17세인 것을 감안하면 야곱은 108세이고, 이삭은 168세입니다. 3대가 함께 가나안 땅에 살고 있었습니다. 재미있는 것은 이삭은 야곱의 형 에서를 편애했고, 야곱은 요셉을 편애했다는 것입니다. 오늘 본문은 자녀 교육에 대한 중요한 문제를 언급하고 있습니다.

 부모의 방식을 내려놓으라

야곱은 요셉을 다른 형제들보다 더욱 사랑했습니다. 요셉은 노년에

얻은 아들이기도 하고, 형제들의 잘못을 숨기지 않고 자신에게 알려 주는(2절) 아들이었습니다. 그래서 야곱은 요셉을 더 사랑했고 채색옷을 입혔습니다(3절). 고대 근동에서 채색옷은 장자, 곧 후계자가 입는 옷이었습니다. 야곱은 많은 형들을 놔두고 요셉을 장자로 삼으려 했던 것입니다. 그 일은 형제간의 분열이라는 결과를 낳았습니다. "그의 형들이 아버지가 형들보다 그를 더 사랑함을 보고 그를 미워하여 그에게 편안하게 말할 수 없었더라"(4절). 결국 아버지의 편애는 형제간에 대화가 단절되게 만들었습니다. 형제들의 입장에서 야곱은 이복동생이고 고자질쟁이고 아버지의 사랑을 독차지하고 있으니 얼마나 미웠겠습니까? 야곱은 노년이지만 여전히 성화되지 못한 기질을 보여 주고 있습니다. 야곱 나름대로의 생각이 있었겠지만, 야곱의 방식은 가족 간의 분열을 가져왔습니다. 자녀를 향한 부모의 방식을 내려놓아야 합니다.

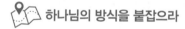

하나님의 방식을 붙잡으라

어느 날 요셉이 꿈을 꾸었습니다. 비슷한 꿈을 두 번 꾼 것입니다. 첫 번째는 요셉의 곡식단이 일어나고 남은 형제들의 단이 요셉의 곡식단에 절한 내용입니다. 두 번째는 해와 달과 열한 별이 요셉에게 절한 내용입니다. 요셉의 꿈 이야기를 들은 형제들은 분노합니다. 가뜩이나 아버지에게 자신들의 잘못을 고자질하고, 아버지의 사랑을 독차지하는 얄미운 동생이었는데 자신들이 절까지 하는 꿈을 꾸었다고 하니 화가 난 것입니다. 아무리 요셉을 사랑하는 야곱이지만 야곱이 듣기에도 이는 거북했습니다. "그가 그의 꿈을 아버지와 형들에게 말하매 아버지가 그를 꾸짖고 그에게 이르되 네가 꾼 꿈이 무엇이냐 나와 네 어머니와 네 형들이 참으로 가서 땅에 엎드려 네게 절하겠느냐"(10절). 야곱은 요셉을 혼내는 것으로 그의 입을 막습니다. 하지만 요셉의 말을 마음에 간직해 두었습니다. "그의 형들은 시기하되 그의 아버지는 그 말을 간직해 두었더라"(11절). 비록 야곱은 요셉의 말이 듣기에 거북했지만 요셉을 통해서 일하실 하나님의 계획을 마음에 둔 것입니다. 이것은 부모로서 자신의 생각과 다른 하나님의 방식을 마음에 품은 것입니다. 부모는 자기 방식대로 자녀를 교육할 것이 아니라 하나님의 방식대로 교육해야 합니다.

부모의 손길이 지나치게 많이 닿은 자녀는 독립적이지 못하고 의존적인 인생을 살아갑니다. 우리 자녀들에게 하나님의 손길이 많이 닿아야 합니다. 부모 역시 부족한 사람입니다. 그러므로 부모의 방식대로 자녀를 양육하면 안 됩니다. 하나님의 방식대로 자녀를 양육해야 합니다. 하나님의 방식대로 양육받은 자녀의 인생을 하나님이 책임져 주실 것입니다.

♥ 나눔

1. 누군가로부터 편애를 당한 경험이 있다면, 그때의 감정을 가족과 나눠 보세요.
2. 하나님이 나에게 주신 꿈과 비전을 가족과 나눠 보세요.

♥ 기도

하나님, 우리 가정에 분열과 다툼이 사라지고 풍성한 사랑이 가득하게 하옵소서. 부모는 자녀를 하나님의 방식으로 사랑하고, 형제간에는 우애가 깊은 가정이 되게 하옵소서. 우리 가정을 통해서 일하실 예수님의 이름으로 기도합니다. 아멘.

♥ 우리 가족 이번 주 미션

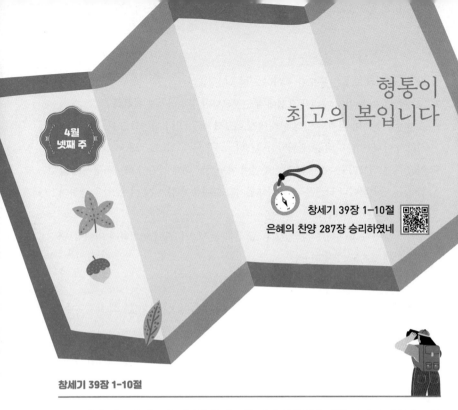

형통이
최고의 복입니다

창세기 39장 1-10절
은혜의 찬양 287장 승리하였네

창세기 39장 1-10절

1 요셉이 이끌려 애굽에 내려가매 바로의 신하 친위대장 애굽 사람 보디발이 그를 그리로 데려간 이스마엘 사람의 손에서 요셉을 사니라

2 여호와께서 요셉과 함께 하시므로 그가 형통한 자가 되어 그의 주인 애굽 사람의 집에 있으니

3 그의 주인이 여호와께서 그와 함께 하심을 보며 또 여호와께서 그의 범사에 형통하게 하심을 보았더라

4 요셉이 그의 주인에게 은혜를 입어 섬기매 그가 요셉을 가정 총무로 삼고 자기의 소유를 다 그의 손에 위탁하니

5 그가 요셉에게 자기의 집과 그의 모든 소유물을 주관하게 한 때부터 여호와께서 요셉을 위하여 그 애굽 사람의 집에 복을 내리시므로 여호와의 복이 그의 집과 밭에 있는 모든 소유에 미친지라

6 주인이 그의 소유를 다 요셉의 손에 위탁하고 자기가 먹는 음식 외에는 간섭하지

아니하였더라 요셉은 용모가 빼어나고 아름다웠더라

7 그 후에 그의 주인의 아내가 요셉에게 눈짓하다가 동침하기를 청하니

8 요셉이 거절하며 자기 주인의 아내에게 이르되 내 주인이 집안의 모든 소유를 간 섭하지 아니하고 다 내 손에 위탁하였으니

9 이 집에는 나보다 큰 이가 없으며 주인이 아무것도 내게 금하지 아니하였어도 금 한 것은 당신뿐이니 당신은 그의 아내임이라 그런즉 내가 어찌 이 큰 악을 행하여 하나님께 죄를 지으리이까

10 여인이 날마다 요셉에게 청하였으나 요셉이 듣지 아니하여 동침하지 아니할 뿐 더러 함께 있지도 아니하니라

사람은 누구나 복 받기를 원합니다. 최정호 울산대학교 석좌교수는 한국인들이 전통적으로 추구하는 복을 네 가지로 소개했습니다. 첫 번째는 '수'(壽)입니다. 무병장수하는 것입니다. 두 번째는 '부'(富)입니다. 단순히 돈이 많은 것이 아니라 좋은 것을 빠짐없이 두루 갖추는 것을 의미합니다. 세 번째는 '귀'(貴)입니다. 귀한 사람이 되어 남의 존경을 받는 것입니다. 마지막 네 번째는 '다남자'(多男子)입니다. 아들을 많이 낳는 것뿐 아니라 자녀와 관련된 복을 말하는 것입니다. 예수님도 마태복음 5장에서 복과 관련된 말씀을 하셨습니다. 신약에 '팔복'이 있다면 구약에는 '형통'이란 개념이 있습니다. 형통이야말로 복의 핵심이라고 할 수 있습니다. 본문은 요셉의 삶을 통한 형통을 소개하고 있습니다.

 형통은 하나님과 함께하는 것입니다

형통이란 하나님과 함께하는 것입니다. "여호와께서 요셉과 함께

하시므로 그가 형통한 자가 되어 그의 주인 애굽 사람의 집에 있으니"(2절). 요셉이 애굽 사람의 집에 있을 때 편안하게 있지 않았습니다. 형들에게 종으로 팔려서 고된 종살이를 하고 있었습니다. 이때 요셉의 나이가 17세입니다. 한창 심리적으로 민감한 청소년기에 종이 되어서 10년 동안 노예 생활을 합니다. 누구나 이런 상황에 처하면 절망하게 되어 있습니다.

그런데 요셉의 특징 중 하나는 절망하지 않는다는 것입니다. 요셉은 현재 자신과 함께하시는 하나님을 의식하며 살았던 것입니다. 요셉은 지난 과거의 상처를 묵상하느라 현재를 비관하지 않았습니다. 막연한 미래를 염려하느라 현재를 낭비하지도 않았습니다. 대신 지금 나와 함께하시는 하나님이 허락하신 시간에 최선을 다했습니다. 요셉은 누구보다 성실하게 종의 역할을 했습니다. 주인의 마음에 흡족할 만큼 주어진 일에 최선을 다했습니다. 형통한 사람은 현재를 비관하지 않습니다. 형통한 사람이 복된 사람입니다.

📍 형통은 하나님을 보여 주는 것입니다

형통한 삶의 두 번째 특징은 하나님을 보여 주는 삶을 사는 것입니다. "그의 주인이 여호와께서 그와 함께 하심을 보며 또 여호와께서 그의 범사에 형통하게 하심을 보았더라"(3절). 이 구절에 '보다'라는 단어가 두 번 쓰였습니다. 요셉은 하나님을 보여 주는 삶을 살았습니다. 하나님의 형상을 지닌 존재로서 자신의 삶을 통해 하나님을 보여 주는 삶이야말로 가장 영광스런 삶입니다. 보디발은 자신의 종인 요셉을 볼 때 하나님을 함께 보았습니다. "요셉이 그의 주인에게 은혜를 입어 섬기매 그가 요셉을 가정 총무로 삼고 자기의 소유를 다 그의 손에 위탁하니"(4절). 이 구절은 '요셉이 그의 주인의 눈들 안에서 은혜를 발견했다'는 것으로, 이는 히브리어의 독특한 표현입니다. 즉 인간의 감정이 잘 드러나는 눈에 상대방을 향한 호의가 가득하다는 표현입니다. 하나님을 잘 모르는 보디발이지만 요셉을 볼 때 너무 좋았던 것입니다. 결국 요셉은 가정 총무가 됩니다. 요셉의 성실성이 인정을 받은 것입니다. 그리고 그때부터 보디발의 집안에 복이 임합니다(5절). 형통한 사람은 복을 움켜쥐고 있는 사람이 아니라 복을 흘려보내는 사람입니다. 형통한 사람이 가는 곳마다 분위기가 좋아집니다. 막힌 관계가 풀어집니다.

형통한 가정이 되길 바랍니다. 그러기 위해서는 먼저 하나님과 동행해야 합니다. 그곳이 배신의 구덩이일지라도, 그곳이 고단한 종살이의 현장이라 할지라도 하나님과 동행하는 사람은 이미 형통한 사람입니다. 내가 처한 현장을 원망하지 말고 그 현장에서 하나님과 함께해야 합니다. 그곳에서 나의 삶을 통해 하나님을 보여 주는 형통한 자가 되길 바랍니다.

♀ 나눔

1. 상황은 매우 힘들었지만 함께하시는 하나님을 향한 믿음으로 문제를 잘 극복한 경험이 있다면 가족과 나눠 보세요.
2. 누군가의 모습을 통해서 하나님의 살아 계심을 경험한 적이 있다면 가족과 나눠 보세요.

♀ 기도

우리 가정과 함께하시고 길을 인도하시는 하나님, 감사합니다. 우리 가정이 형통한 가정이 되길 원합니다. 과거의 상처와 미래의 염려로 현재를 낭비하지 않게 하옵소서. 모든 순간 하나님과 함께하는 가정이 되게 하옵소서. 함께하시는 예수님의 이름으로 기도합니다. 아멘.

♀ 우리 가족 이번 주 미션

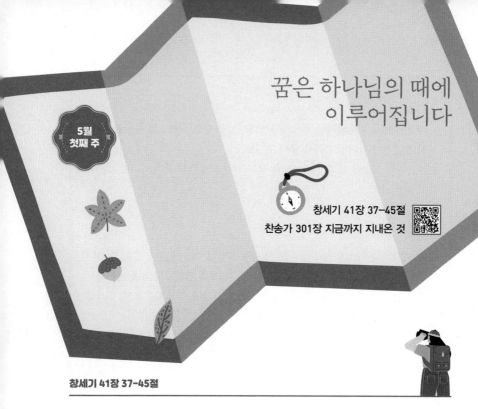

꿈은 하나님의 때에 이루어집니다

창세기 41장 37-45절
찬송가 301장 지금까지 지내온 것

창세기 41장 37-45절

37 바로와 그의 모든 신하가 이 일을 좋게 여긴지라

38 바로가 그의 신하들에게 이르되 이와 같이 하나님의 영에 감동된 사람을 우리가 어찌 찾을 수 있으리요 하고

39 요셉에게 이르되 하나님이 이 모든 것을 네게 보이셨으니 너와 같이 명철하고 지혜 있는 자가 없도다

40 너는 내 집을 다스리라 내 백성이 다 네 명령에 복종하리니 내가 너보다 높은 것은 내 왕좌뿐이니라

41 바로가 또 요셉에게 이르되 내가 너를 애굽 온 땅의 총리가 되게 하노라 하고

42 자기의 인장 반지를 빼어 요셉의 손에 끼우고 그에게 세마포 옷을 입히고 금 사슬을 목에 걸고

43 자기에게 있는 버금 수레에 그를 태우매 무리가 그의 앞에서 소리 지르기를 엎드리라 하더라 바로가 그에게 애굽 전국을 총리로 다스리게 하였더라

44 바로가 요셉에게 이르되 나는 바로라 애굽 온 땅에서 네 허락이 없이는 수족을 놀릴 자가 없으리라 하고

45 그가 요셉의 이름을 사브낫바네아라 하고 또 온의 제사장 보디베라의 딸 아스낫을 그에게 주어 아내로 삼게 하니라 요셉이 나가 애굽 온 땅을 순찰하니라

아이들이 자신들의 꿈을 이야기할 때 보면 눈빛이 반짝입니다. 커서 과학자, 대통령, 운동선수, 교사, 유튜버가 될 것이라고 말하는 그들의 눈빛을 보면 100퍼센트 이룰 것만 같습니다. 하지만 학교에 들어가고 사회에 들어가 보면 어릴 적에 품었던 꿈이 얼마나 이루기 힘든 것이었는지 깨닫게 됩니다.

요셉의 꿈 역시 형제들로부터 조롱을 받았습니다. 보디발의 집에서 종살이를 하면서부터는 꿈에 관한 이야기를 하지 않은 것을 보아 꿈을 잠시 잊고 살았는지도 모릅니다. 하지만 하나님께서 하나님의 때에 요셉의 꿈을 이루어 주셨습니다. 요셉은 꿈을 잊었는지 모르지만 하나님은 결코 잊지 않으셨습니다.

🗺️ 하나님의 영에 감동된 사람이 되어야 합니다

바로는 요셉이 하는 이야기를 듣자마자 확신에 차서 말합니다. "바로가 그의 신하들에게 이르되 이와 같이 하나님의 영에 감동된 사람을 우리가 어찌 찾을 수 있으리요"(38절). 바로 주변에는 학식이 깊은 사람, 탁월한 정치인, 치밀한 행정가들이 많았을 것입니다. 요셉은 학교를 다닌 적도 없고 정치를 배운 적도 없습니다. 그런데 요셉은 누가 봐도 하

나님의 영에 감동된 사람이었습니다. 듣는 사람들로 하여금 '이 사람은 진짜 하나님의 사람이구나!'라는 확신을 갖게 했습니다. 하나님의 영에 감동된 꿈의 사람이 되어야 합니다. 꿈을 준비하는 가장 확실한 방법은 하나님의 영에 감동되는 것입니다. 하나님께서 주시는 지혜와 통찰을 가지고 묵묵히 꿈의 길을 걷다 보면 어느덧 꿈의 자리에 서 있게 될 것입니다.

세상을 섬기는 리더가 되어야 합니다

바로는 요셉을 총리로 임명합니다. 총리 신분에 걸맞은 옷을 입히고 금 사슬을 목에 걸어 줍니다. 멀리서도 그의 신분을 한눈에 알아볼 버금 수레를 하사합니다. 바로는 요셉이 세상을 구원할 준비된 리더라고 확신했습니다.

요셉은 바로의 꿈을 해석할 뿐만 아니라 미래를 대비하기 위한 실제적인 대안까지 조언했습니다. 애굽 정부가 풍년의 시기 7년 동안 총생산량의 20퍼센트를 비축하도록 국가 재정 운영을 제안한 것입니다. 바로는 요셉에게 나라를 맡기면 애굽을 살릴 수 있을 것이란 믿음이 있었습니다. 하나님의 사람은 세상을 섬기기 위해서 준비되어야 합니다. 요셉은 오랜 세월 동안 꿈과 상관없어 보이는 시간을 보냈습니다. 하지만 그 시간 역시 꿈을 이루기 위한 훈련의 시간이었습니다. 하나님의 영에 감동된 요셉은 준비된 리더로서 온 세상을 섬기는 리더가 되었습니다. 꿈은 하나님의 때에 반드시 이루어집니다.

♀ 나눔

1. 나의 꿈은 잘 자라고 있나요? 나의 꿈은 무엇이며 어떻게 준비하고 있는지 가족과 나눠 보세요.
2. 나의 꿈을 통해서 세상을 어떻게 섬기고 싶은지 가족과 나눠 보세요.

♀ 기도

하나님, 우리 가정이 꿈의 가정이 되길 원합니다. 하나님이 주신 꿈을 품고, 준비하고, 키우는 가정이 되게 하옵소서. 하나님이 주신 꿈으로 세상을 섬기고 치유하는 가정이 되게 하옵소서. 꿈을 이루실 예수님의 이름으로 기도합니다. 아멘.

♀ 우리 가족 이번 주 미션

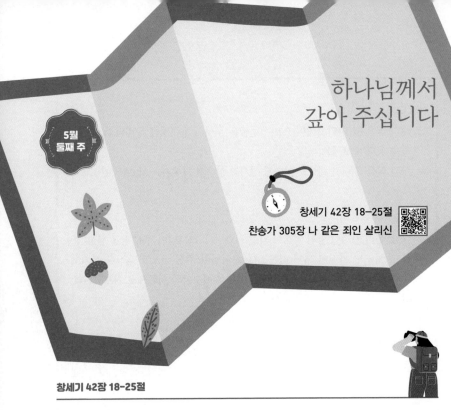

하나님께서
갚아 주십니다

창세기 42장 18-25절
찬송가 305장 나 같은 죄인 살리신

창세기 42장 18-25절

18 사흘 만에 요셉이 그들에게 이르되 나는 하나님을 경외하노니 너희는 이같이 하여 생명을 보전하라

19 너희가 확실한 자들이면 너희 형제 중 한 사람만 그 옥에 갇히게 하고 너희는 곡식을 가지고 가서 너희 집안의 굶주림을 구하고

20 너희 막내 아우를 내게로 데리고 오라 그러면 너희 말이 진실함이 되고 너희가 죽지 아니하리라 하니 그들이 그대로 하니라

21 그들이 서로 말하되 우리가 아우의 일로 말미암아 범죄하였도다 그가 우리에게 애걸할 때에 그 마음의 괴로움을 보고도 듣지 아니하였으므로 이 괴로움이 우리에게 임하도다

22 르우벤이 그들에게 대답하여 이르되 내가 너희에게 그 아이에 대하여 죄를 짓지 말라고 하지 아니하였더냐 그래도 너희가 듣지 아니하였느니라 그러므로 그의 핏값을 치르게 되었도다 하니

23 그들 사이에 통역을 세웠으므로 그들은 요셉이 듣는 줄을 알지 못하였더라

24 요셉이 그들을 떠나가서 울고 다시 돌아와서 그들과 말하다가 그들 중에서 시므온을 끌어내어 그들의 눈 앞에서 결박하고

25 명하여 곡물을 그 그릇에 채우게 하고 각 사람의 돈은 그의 자루에 도로 넣게 하고 또 길 양식을 그들에게 주게 하니 그대로 행하였더라

요셉은 형들에 의해서 애굽에 노예로 팔려 왔습니다. 요셉에게 애굽은 절망의 땅이었으나 요셉을 향한 하나님의 계획은 애굽에 있었습니다. 요셉은 결국 애굽의 총리가 되었습니다. 그리고 시간이 흘러 흉년이 일자 요셉의 형제들은 식량을 구하기 위해 애굽의 총리인 요셉 앞에 왔습니다. 놀라운 반전의 상황입니다. 보통 이런 상황에 놓이면 대부분 복수할 것입니다. 그렇다면 요셉은 어떻게 반응했을까요?

📍🗺 하나님의 시각으로 상황을 해석합니다

사흘 만에 형들을 다시 본 요셉이 처음으로 한 말이 "나는 하나님을 경외하노니"(18절)입니다. 하나님을 경외하는 사람의 첫 번째 삶의 태도는 인생에서 벌어지는 모든 일에 하나님의 시각을 갖는다는 것입니다. 외부에서 자극이 왔을 때 자신의 내부에 있는 것으로 반응하지 않고 이 일에 대한 하나님의 뜻은 무엇일까를 고민합니다. 요셉은 형제 중 한 사람만 옥에 가두고 막내아우를 데리고 와서 결백을 증명하라고 합니다(19-20절). 그러자 형제들이 서로 말합니다. "그들이 서로 말하되 우리가 아우의 일로 말미암아 범죄하였도다 그가 우리에게 애걸할 때

에 그 마음의 괴로움을 보고도 듣지 아니하였으므로 이 괴로움이 우리에게 임하도다"(21절). 자신들이 과거 요셉에게 저질렀던 잘못을 스스로 깨달은 것입니다. 이것이 은혜로운 복수입니다. 요셉이 복수심으로 가득해서 형제들이 자신에게 했던 동일한 방법으로 대응했다면 절대로 이런 깨달음을 얻지 못했을 것입니다. 하나님의 방법을 따르면 삶의 모든 문제는 제자리를 찾고 해결됩니다.

선으로 악을 갚아야 합니다

복수는 결국 자신을 상하게 합니다. 용서야말로 자신을 과거의 상처로부터 놓아 주는 행위입니다. 선으로 악을 이기는 가장 확실한 방법이 용서입니다. "내 사랑하는 자들아 너희가 친히 원수를 갚지 말고 하나님의 진노하심에 맡기라 기록되었으되 원수 갚는 것이 내게 있으니 내가 갚으리라고 주께서 말씀하시니라"(롬 12:19). 원수 갚는 것은 하나님이 하실 일이고, 우리가 할 일은 선으로 악을 갚는 것입니다. 요셉의 형제들은 요셉이 살아있는 줄도 몰랐고, 애굽의 총리일 것이라는 생각조차 하지 못합니다. 그런데 요셉은 형들에게 곡식을 주고, 곡식 값도 다시 돌려주고, 돌아가는 길에 먹을 양식도 따로 챙겨 주었습니다. 형제들은 고향으로 돌아가서 그것으로 가족들을 먹일 수 있었습니다. 극심한 흉년에 살아남을 양식이 되었던 것입니다. 선으로 악을 갚은 요셉의 마음이 억울하고 힘들었을까요? 그렇지 않았을 것입니다. 하나님께서 요셉의 마음을 위로하시고 회복시키셨을 것입니다. 로마서 12장은 다음과 같이 말합니다. "네 원수가 주리거든 먹이고 목마르거든 마시게 하라 그리함으로 네가 숯불을 그 머리에 쌓아 놓으리라 악에게 지지 말고 선으로 악을 이기라"(20-21절). 원수 갚는 일은 공의로우신 하나님께 맡기고, 우리는 선을 행함으로 우리 속에 악을 쌓아 두지 않아야 합니다.

하나님은 형들의 손에 의해 구덩이에 빠졌던 요셉을 건지셔서 애굽의 총리 자리에 앉히셨습니다. 요셉은 이 모든 것이 하나님의 은혜임을 알고 있었습니다. 요셉 안에 어떤 원망과 상처도 없음을 보게 됩니다. 요셉처럼 하나님을 경외함으로 선으로 악을 이기는 가정이 되길 축복합니다.

📍 나눔

1. 용서하기 힘든 사람을 용서한 경험이 있다면 가족과 나눠 보세요.
2. 지금 용서하기 힘든 사람이 있나요? 선으로 악을 이기기 위해서 내가 행할
   선은 무엇인지 가족과 나눠 보세요.

📍 기도

하나님, 우리 가정이 하나님을 경외하는 가정이 되길 원합니다. 악을 갚는 문
제까지도 하나님의 방법대로 하여 선으로 악을 이기는 가정이 되게 하옵소서.
과거의 상처로 인한 원망과 상처가 있다면 회복시켜 주옵소서. 선하신 예수님
의 이름으로 기도합니다. 아멘.

📍 우리 가족 이번 주 미션

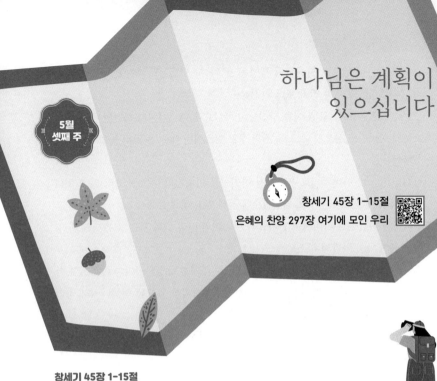

하나님은 계획이 있으십니다

창세기 45장 1-15절
은혜의 찬양 297장 여기에 모인 우리

창세기 45장 1-15절

1 요셉이 시종하는 자들 앞에서 그 정을 억제하지 못하여 소리 질러 모든 사람을 자기에게서 물러가라 하고 그 형제들에게 자기를 알리니 그 때에 그와 함께 한 다른 사람이 없었더라

2 요셉이 큰 소리로 우니 애굽 사람에게 들리며 바로의 궁중에 들리더라

3 요셉이 그 형들에게 이르되 나는 요셉이라 내 아버지께서 아직 살아 계시니이까 형들이 그 앞에서 놀라서 대답하지 못하더라

4 요셉이 형들에게 이르되 내게로 가까이 오소서 그들이 가까이 가니 이르되 나는 당신들의 아우 요셉이니 당신들이 애굽에 판 자라

5 당신들이 나를 이 곳에 팔았다고 해서 근심하지 마소서 한탄하지 마소서 하나님이 생명을 구원하시려고 나를 당신들보다 먼저 보내셨나이다

6 이 땅에 이 년 동안 흉년이 들었으나 아직 오 년은 밭갈이도 못하고 추수도 못할지라

7 하나님이 큰 구원으로 당신들의 생명을 보존하고 당신들의 후손을 세상에 두시려고 나를 당신들보다 먼저 보내셨나니

8 그런즉 나를 이리로 보낸 이는 당신들이 아니요 하나님이시라 하나님이 나를 바로에게 아버지로 삼으시고 그 온 집의 주로 삼으시며 애굽 온 땅의 통치자로 삼으셨나이다

9 당신들은 속히 아버지께로 올라가서 아뢰기를 아버지의 아들 요셉의 말에 하나님이 나를 애굽 전국의 주로 세우셨으니 지체 말고 내게로 내려오사

10 아버지의 아들들과 아버지의 손자들과 아버지의 양과 소와 모든 소유가 고센 땅에 머물며 나와 가깝게 하소서

11 흉년이 아직 다섯 해가 있으니 내가 거기서 아버지를 봉양하리이다 아버지와 아버지의 가족과 아버지께 속한 모든 사람에게 부족함이 없도록 하겠나이다 하더라고 전하소서

12 당신들의 눈과 내 아우 베냐민의 눈이 보는 바 당신들에게 이 말을 하는 것은 내 입이라

13 당신들은 내가 애굽에서 누리는 영화와 당신들이 본 모든 것을 다 내 아버지께 아뢰고 속히 모시고 내려오소서 하며

14 자기 아우 베냐민의 목을 안고 우니 베냐민도 요셉의 목을 안고 우니라

15 요셉이 또 형들과 입맞추며 안고 우니 형들이 그제서야 요셉과 말하니라

스티브 챈들러는 『성공을 가로막는 13가지 거짓말』(넥서스, 2005)이란 책을 통해 우리 인생은 '무엇 때문에'와 '그럼에도 불구하고'의 싸움이라고 설명했습니다. 어떤 사람은 산적한 인생의 문제 앞에서 "나는 이것들 때문에 아무것도 할 수 없어"라고 말합니다. 같은 상황에서 다른 사람은 "이렇게 힘들고 어려워도, 나는 반드시 이겨 낼 수 있어!"라고 말합니다. 놀랍게도 이들의 인생은 전부 자신들이 말한 대로 이루어집니다. 세상은 인생을 바라보는 관점을 조금만 바꿔도 인생이 달라진다

고 말합니다. 하물며 하나님을 믿는 성도의 삶은 어떻겠습니까? 하나님은 계획이 있으시고 반드시 그 일을 이루십니다. 그러므로 하나님 안에서 벌어진 일이라면 '그럼에도 불구하고' 다시 시작할 수 있습니다. 우리를 향한 하나님의 섭리를 믿기 때문입니다.

우리 인생의 주어는 '하나님'입니다

요셉은 뜨거운 눈물을 흘리며 자신의 정체를 형제들에게 말합니다. 그리고 형들이 요셉을 판 이후의 삶에 대해서 말합니다. "당신들이 나를 이 곳에 팔았다고 해서 근심하지 마소서 한탄하지 마소서 하나님이 생명을 구원하시려고 나를 당신들보다 먼저 보내셨나이다"(5절). 요셉은 사람의 관점에서는 절대로 할 수 없는 말을 합니다. 요셉은 자신의 인생의 주어로 '하나님'을 쓰고 있습니다. 7절에서도 "하나님이 큰 구원으로"라고 하고, 8절에서도 "하나님이 나를 바로에게"라고 말합니다. 요셉의 인생의 주어는 언제나 하나님이셨습니다. 형들에 의해 팔릴 때, 보디발의 집에서 종살이를 할 때, 억울하게 감옥에 갇힐 때, 총리가 될 때도 언제나 하나님이 요셉의 인생을 앞에서 이끄셨습니다. 요셉은 하나님을 앞서지 않고 하나님이 이끄신 곳에서 신실하게 살아갔던 것입니다. 요셉의 인생에서 이해되지 않고, 억울하고, 한스러운 일들이 반복되었지만 요셉 안에는 어둠이 없습니다. 자신의 삶을 이끄시는 하나님에 대한 믿음이 있었기 때문입니다. 우리 가정을 이끄시는 분은 누구입니까?

🗺️ 하나님이 앞서서 길을 인도하십니다

모르는 곳을 여행할 때도 길을 잘 아는 가이드와 함께한다면 아무 걱정이 없습니다. 가이드만 따라가면 안전하고 편안하게 여행을 즐길 수 있습니다. 요셉은 하나님이 형제들보다 자신을 먼저 애굽으로 보내셨다고 두 번이나 말합니다(5, 7절). 요셉이 형들보다 먼저 와서 가족이 살아갈 방법을 준비했듯이, 하나님은 요셉보다 앞서서 요셉을 위한 일들을 하셨습니다. 하나님은 생명을 살리기 위해 요셉을 애굽으로 보내셨습니다. 요셉을 향한 하나님의 계획은 요셉 혼자 잘사는 것이 아니라, 믿음의 후손 전체를 살리는 것이었습니다(7절). 요셉의 고난은 고난으로 끝나지 않고 그 너머에 생명을 살리는 특별한 섭리가 있었던 것입니다. 삶의 무게가 아무리 커도 앞서 행하시는 하나님을 믿는다면 우리 역시 하나님의 구원 섭리 속에서 쓰임을 받게 될 것입니다. 하나님은 지금도 우리보다 앞서서 길을 인도하고 계십니다.

요셉의 인생은 '그럼에도 불구하고'의 인생입니다. 시련에도 불구하고, 상처에도 불구하고 결국 하나님의 뜻을 성취하는 인생이었습니다. 하나님을 인생의 주어로 삼고 앞서 인도하시는 하나님을 따라간다면, 누구나 '그럼에도 불구하고'의 인생을 살 수 있습니다. 하나님 안에 우리 가정을 향한 계획이 있습니다.

♀ 나눔

1. 지난 시간을 돌이켜 볼 때 하나님이 나의 인생을 주도적으로 이끄셨던 경험이 있다면 가족과 나눠 보세요.
2. 그때는 몰랐으나 모든 것이 하나님의 계획이었음을 깨달은 사건이 있다면 가족과 나눠 보세요.

♀ 기도

하나님만이 우리 가정의 주어이길 바랍니다. 앞으로도 우리 가정에 어떤 일들이 벌어질지 모르지만 하나님의 계획을 믿으며 따르는 가정이 되게 하옵소서. 우리 가정이 생명을 살리는 가정이 되길 원합니다. 우리 가족을 넘어 이웃의 생명까지 품는 가정이 되게 하옵소서. 우리 가정보다 앞서 행하시는 예수님의 이름으로 기도합니다. 아멘.

♀ 우리 가족 이번 주 미션

_____

_____

_____

_____

_____

_____

_____

_____

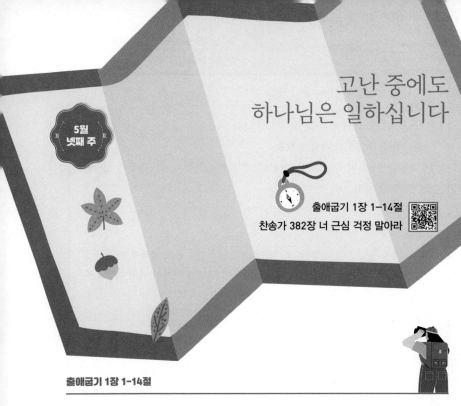

고난 중에도 하나님은 일하십니다

출애굽기 1장 1-14절
찬송가 382장 너 근심 걱정 말아라

출애굽기 1장 1-14절

1 야곱과 함께 각각 자기 가족을 데리고 애굽에 이른 이스라엘 아들들의 이름은 이 러하니

2 르우벤과 시므온과 레위와 유다와

3 잇사갈과 스불론과 베냐민과

4 단과 납달리와 갓과 아셀이요

5 야곱의 허리에서 나온 사람이 모두 칠십이요 요셉은 애굽에 있었더라

6 요셉과 그의 모든 형제와 그 시대의 사람은 다 죽었고

7 이스라엘 자손은 생육하고 불어나 번성하고 매우 강하여 온 땅에 가득하게 되었 더라

8 요셉을 알지 못하는 새 왕이 일어나 애굽을 다스리더니

9 그가 그 백성에게 이르되 이 백성 이스라엘 자손이 우리보다 많고 강하도다

10 자, 우리가 그들에게 대하여 지혜롭게 하자 두렵건대 그들이 더 많게 되면 전쟁이

일어날 때에 우리 대적과 합하여 우리와 싸우고 이 땅에서 나갈까 하노라 하고

11 감독들을 그들 위에 세우고 그들에게 무거운 짐을 지워 괴롭게 하여 그들에게 바로를 위하여 국고성 비돔과 라암셋을 건축하게 하니라

12 그러나 학대를 받을수록 더욱 번성하여 퍼져나가니 애굽 사람이 이스라엘 자손으로 말미암아 근심하여

13 이스라엘 자손에게 일을 엄하게 시켜

14 어려운 노동으로 그들의 생활을 괴롭게 하니 곧 흙 이기기와 벽돌 굽기와 농사의 여러 가지 일이라 그 시키는 일이 모두 엄하였더라

온 땅에 흉년이 들었을 때 야곱의 가족 70명은 요셉이 총리로 있는 애굽으로 이주해 왔습니다. "야곱의 허리에서 나온 사람이 모두 칠십이요 요셉은 애굽에 있었더라"(5절). 흉년 중에 야곱의 가족만이 누리게 된 특혜였습니다. 하나님이 요셉을 가족보다 미리 애굽에 보내셔서 총리로 삼으시고, 흉년 중에 야곱의 가족이 애굽에 들어가 안전하게 살게 되었으니 하나님의 놀라운 은혜입니다.

그런데 시간이 흘러 요셉을 알지 못하는 사람이 애굽의 왕이 되면서 상황이 변했습니다. 축복의 땅이라고 여겼던 애굽에서 종이 되어 갇히게 된 것입니다. 그들은 애굽의 종이 되어 430년을 보냅니다. 고난의 때에 하나님은 무엇을 하고 계셨습니까? 이것은 종 된 이스라엘의 질문이며, 고난 중에 있는 우리의 질문이기도 합니다.

🗺️ 고난이 하나님의 일하심을 막을 수 없습니다

하나님은 아담을 창조하신 후에 복을 주시면서 생육하고 번성하라고 명하셨습니다. "하나님이 그들에게 복을 주시며 하나님이 그들에게 이르시되 생육하고 번성하여 땅에 충만하라, 땅을 정복하라, 바다의 물고기와 하늘의 새와 땅에 움직이는 모든 생물을 다스리라 하시니라"(창 1:28). 믿음의 조상으로 아브라함을 부르실 때도 복과 약속을 주셨습니다. "내가 너로 큰 민족을 이루고 네게 복을 주어 네 이름을 창대하게 하리니 너는 복이 될지라"(12:2). 이삭에게도 같은 약속을 하셨습니다. "네 자손을 하늘의 별과 같이 번성하게 하며 이 모든 땅을 네 자손에게 주리니 네 자손으로 말미암아 천하 만민이 복을 받으리라"(26:4). 이 약속은 야곱에게도 주어졌습니다. "네 자손이 땅의 티끌 같이 되어 네가 서쪽과 동쪽과 북쪽과 남쪽으로 퍼져나갈지며 땅의 모든 족속이 너와 네 자손으로 말미암아 복을 받으리라"(28:14). 이스라엘은 애굽에서 고난 중에 있었지만 그때도 하나님의 약속이 진행되고 있었습니다. 430년 전에 야곱의 가족 70명이 애굽으로 들어왔는데 430년 이후에 이스라엘은 20세 이상 남자만 60만 3,550명이었습니다(출 38:26). 하나님은 고난 중에도 신실하게 약속을 성취하시는 분입니다.

🗺️ 고난이 성도의 번성을 막을 수 없습니다

이스라엘은 애굽에서 종이 되어 고난을 받고 있습니다. 그런데 놀라운 것은 계속해서 강해지고 번성해 간다는 것입니다. "이스라엘 자손은 생육하고 불어나 번성하고 매우 강하여 온 땅에 가득하게 되었더라"(1:7). 이스라엘은 숫자만 늘어난 것이 아니라 매우 강하게 되어 애굽이 두려워하는 존재가 되었습니다. "자, 우리가 그들에게 대하여 지혜롭게 하자 두렵건대 그들이 더 많게 되면 전쟁이 일어날 때에 우리 대적과 합하여 우리와 싸우고 이 땅에서 나갈까 하노라"(10절). 그래서 이스라엘을 학대하고 급기야 종으로 삼았습니다. 하지만 고난도 이스라엘의 번성을 막을 수 없었습니다. "그러나 학대를 받을수록 더욱 번성하여 퍼져나가니 애굽 사람이 이스라엘 자손으로 말미암아 근심하여"(12절). 이스라엘은 학대를 받을수록 더욱 번성해졌습니다. 하나님이 함께하시기 때문입니다. 하나님이 함께하시면 고난 중에도 번성합니다.

"내가 고난당할 때 하나님은 어디 계시나요?" 우리가 종종 하는 질문입니다. 우리는 기억해야 합니다. 우리가 당하는 고난보다 하나님이 크십니다. 고난이 하나님의 일하심을 막을 수 없습니다. 고난이 성도의 번성을 막을 수 없습니다. 고난 중에도 하나님 안에서 평안한 가정 되길 축복합니다.

📍 나눔

1. 고난 중에도 하나님의 일하심을 경험한 일이 있다면 가족과 나눠 보세요.
2. 고난이 도리어 복이 되었던 경험이 있다면 가족과 나눠 보세요.

📍 기도

우리 가정을 부르시고, 약속하시고, 신실하게 지키시는 하나님, 감사드립니다. 우리 가정이 살아가는 날 동안에 어떤 일을 만나든지 언제나 신실하신 하나님을 의지하는 가정이 되게 하옵소서. 고난 중에 큰 위로가 되시는 예수님의 이름으로 기도합니다. 아멘.

📍 우리 가족 이번 주 미션

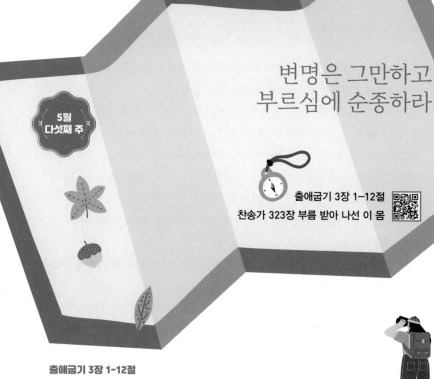

변명은 그만하고
부르심에 순종하라

출애굽기 3장 1–12절
찬송가 323장 부름 받아 나선 이 몸

출애굽기 3장 1–12절

1 모세가 그의 장인 미디안 제사장 이드로의 양 떼를 치더니 그 떼를 광야 서쪽으로 인도하여 하나님의 산 호렙에 이르매

2 여호와의 사자가 떨기나무 가운데로부터 나오는 불꽃 안에서 그에게 나타나시니라 그가 보니 떨기나무에 불이 붙었으나 그 떨기나무가 사라지지 아니하는지라

3 이에 모세가 이르되 내가 돌이켜 가서 이 큰 광경을 보리라 떨기나무가 어찌하여 타지 아니하는고 하니 그 때에

4 여호와께서 그가 보려고 돌이켜 오는 것을 보신지라 하나님이 떨기나무 가운데서 그를 불러 이르시되 모세야 모세야 하시매 그가 이르되 내가 여기 있나이다

5 하나님이 이르시되 이리로 가까이 오지 말라 네가 선 곳은 거룩한 땅이니 네 발에서 신을 벗으라

6 또 이르시되 나는 네 조상의 하나님이니 아브라함의 하나님, 이삭의 하나님, 야곱의 하나님이니라 모세가 하나님 뵈옵기를 두려워하여 얼굴을 가리매

7 여호와께서 이르시되 내가 애굽에 있는 내 백성의 고통을 분명히 보고 그들이 그들의 감독자로 말미암아 부르짖음을 듣고 그 근심을 알고

8 내가 내려가서 그들을 애굽인의 손에서 건져내고 그들을 그 땅에서 인도하여 아름답고 광대한 땅, 젖과 꿀이 흐르는 땅 곧 가나안 족속, 헷 족속, 아모리 족속, 브리스 족속, 히위 족속, 여부스 족속의 지방에 데려가려 하노라

9 이제 가라 이스라엘 자손의 부르짖음이 내게 달하고 애굽 사람이 그들을 괴롭히는 학대도 내가 보았으니

10 이제 내가 너를 바로에게 보내어 너에게 내 백성 이스라엘 자손을 애굽에서 인도하여 내게 하리라

11 모세가 하나님께 아뢰되 내가 누구이기에 바로에게 가며 이스라엘 자손을 애굽에서 인도하여 내리이까

12 하나님이 이르시되 내가 반드시 너와 함께 있으리라 네가 그 백성을 애굽에서 인도하여 낸 후에 너희가 이 산에서 하나님을 섬기리니 이것이 내가 너를 보낸 증거니라

어떤 일이든 하고자 하는 사람은 방법을 찾고, 하지 않으려는 사람은 핑곗거리를 찾습니다. 다시 말하면 하고 싶은 일에는 방법이 보이고, 하기 싫은 일에는 변명이 보입니다. 하나님은 언제나 사람을 통해서 일하십니다. 하나님은 인간과 차원이 다른 분이시기에 하나님의 계획은 언제나 상상을 초월합니다. 그래서 성경을 보면 하나님이 누군가를 부르실 때 첫 번째 반응은 변명과 거절이었습니다. 오늘 본문에 등장하는 모세 역시 마찬가지입니다. 오늘 본문을 통해 우리는 사명자를 부르시는 하나님이 어떤 분이신지 알게 됩니다.

하나님은 자녀들의 부르짖음을 들으시고 고통을 보십니다

장인의 양 떼를 치고 있던 모세에게 하나님이 찾아오셨습니다. 불붙은 떨기나무는 삽시간에 사라지기 마련인데 불붙은 떨기나무 하나가 사라지지 않는 것입니다. 모세가 이상히 여겨 자세히 보기 위해 가까이 가는데 하나님이 떨기나무 가운데서 모세를 사명자로 부르셨습니다(4절). 그에게 애굽으로 가서 이스라엘을 구원하라고 하십니다. 하나님께서 이스라엘 백성의 고통을 보시고 그들의 부르짖음을 들으시고 근심을 아시기 때문이라고 합니다(7절). 하나님은 자녀들의 아픔을 보고, 듣고, 알고 계십니다. 자녀의 고통을 보고 가만히 있을 부모는 없습니다. 하나님은 우리의 신음소리에도 응답하시는 분입니다. 그래서 자녀들을 고통과 아픔에서 건질 사명자를 보내십니다. 그렇다면 사명자는 누구입니까? 자녀를 향한 애타는 하나님의 마음을 시원하게 해드리는 사람입니다. 이 땅에서 가장 영광스러운 자리가 사명자의 자리입니다. 하나님이 사명의 현장으로 부르실 때 순종하는 가정이 되길 바랍니다.

하나님은 사명을 이루기까지 함께하십니다

하나님께서 모세를 부르시자 모세는 변명을 하기 시작합니다. "모세가 하나님께 아뢰되 내가 누구이기에 바로에게 가며 이스라엘 자손을 애굽에서 인도하여 내리이까"(11절). 모세는 한때 히브리 사람을 도와주기 위해 애굽 사람을 때려죽일 정도로 의기양양했습니다. 그 결과 모세는 애굽에서 도망쳐 광야에서 양을 치고 있었습니다. 아마도 모세는 그날 이후로 누군가의 인생에 개입하지 않으려고 애를 썼는지 모릅니다. 이런 시간을 40년 살다 보니 패기와 자신감은 온데간데없는, 마른 떨기나무와 같은 모습입니다. 이때 하나님은 모세와 함께할 것이라는 약속을 주십니다. "하나님이 이르시되 내가 반드시 너와 함께 있으리라 네가 그 백성을 애굽에서 인도하여 낸 후에 너희가 이 산에서 하나님을 섬기리니 이것이 내가 너를 보낸 증거니라"(12절). 모세는 사명을 이루기 위한 자신의 능력에 집중합니다. 하지만 하나님은 모세의 능력이 아니라 순종을 원하십니다. 능력은 하나님께 있습니다. 사명자에게 필요한 것은 함께하시는 하나님에 대한 순종입니다. 하나님이 부르셨다면 반드시 하나님이 함께하시고 친히 이루실 것입니다.

하나님은 지금도 이 땅의 아픔을 보시고, 부르짖음을 들으시고, 고초를 아십니다. 그리고 그 아픔을 해결하기 위한 사명자를 찾고 계십니다. 하나님이 찾으시는 사명자는 능력이 많은 사람이 아니라 순결한 순종의 사람입니다. 하나님의 부르심에 "아멘!" 하며 순종하는 가정이 되길 축복합니다.

📍 나눔

1. 하나님의 마음으로 이 땅을 바라볼 때 하나님이 가장 마음 아프실 것 같은 곳은 어디인가요?
2. 나는 하나님이 부르실 때 순종하는 사람입니까, 변명하는 사람입니까?

📍 기도

우리 가정이 연약하지만 하나님의 사명자로 살길 원합니다. 우리 가정의 수준에 맞는 사명을 구하지 않고 하나님이 보내신 곳에서 헌신하는 가정이 되게 하옵소서. 이 땅에서 하나님의 손과 발이 되어 하나님의 살아 계심을 드러내는 가정이 되게 하옵소서. 우리 가정을 사용하실 예수님의 이름으로 기도합니다. 아멘.

📍 우리 가족 이번 주 미션

하나님만이
유일한 신입니다

출애굽기 7장 8-25절
찬송가 391장 오 놀라운 구세주

출애굽기 7장 8-25절

8 여호와께서 모세와 아론에게 말씀하여 이르시되

9 바로가 너희에게 이르기를 너희는 이적을 보이라 하거든 너는 아론에게 말하기를 너의 지팡이를 들어서 바로 앞에 던지라 하라 그것이 뱀이 되리라

10 모세와 아론이 바로에게 가서 여호와께서 명령하신 대로 행하여 아론이 바로와 그의 신하 앞에 지팡이를 던지니 뱀이 된지라

11 바로도 현인들과 마술사들을 부르매 그 애굽 요술사들도 그들의 요술로 그와 같이 행하되

12 각 사람이 지팡이를 던지매 뱀이 되었으나 아론의 지팡이가 그들의 지팡이를 삼키니라

13 그러나 바로의 마음이 완악하여 그들의 말을 듣지 아니하니 여호와의 말씀과 같더라

14 여호와께서 모세에게 이르시되 바로의 마음이 완강하여 백성 보내기를 거절하는

도다

15 아침에 너는 바로에게로 가라 보라 그가 물 있는 곳으로 나오리니 너는 나일 강 가에 서서 그를 맞으며 그 뱀 되었던 지팡이를 손에 잡고

16 그에게 이르기를 히브리 사람의 하나님 여호와께서 나를 왕에게 보내어 이르시되 내 백성을 보내라 그러면 그들이 광야에서 나를 섬길 것이니라 하였으나 이제까지 네가 듣지 아니하도다

17 여호와가 이같이 이르노니 네가 이로 말미암아 나를 여호와인 줄 알리라 볼지어다 내가 내 손의 지팡이로 나일 강을 치면 그것이 피로 변하고

18 나일 강의 고기가 죽고 그 물에서는 악취가 나리니 애굽 사람들이 그 강 물 마시기를 싫어하리라 하라

19 여호와께서 또 모세에게 이르시되 아론에게 명령하기를 네 지팡이를 잡고 네 팔을 애굽의 물들과 강들과 운하와 못과 모든 호수 위에 내밀라 하라 그것들이 피가 되리니 애굽 온 땅과 나무 그릇과 돌 그릇 안에 모두 피가 있으리라

20 모세와 아론이 여호와께서 명령하신 대로 행하여 바로와 그의 신하의 목전에서 지팡이를 들어 나일 강을 치니 그 물이 다 피로 변하고

21 나일 강의 고기가 죽고 그 물에서는 악취가 나니 애굽 사람들이 나일 강 물을 마시지 못하며 애굽 온 땅에는 피가 있으나

22 애굽 요술사들도 자기들의 요술로 그와 같이 행하므로 바로의 마음이 완악하여 그들의 말을 듣지 아니하니 여호와의 말씀과 같더라

23 바로가 돌이켜 궁으로 들어가고 그 일에 관심을 가지지도 아니하였고

24 애굽 사람들은 나일 강 물을 마실 수 없으므로 나일 강 가를 두루 파서 마실 물을 구하였더라

25 여호와께서 나일 강을 치신 후 이레가 지나니라

하나님은 400년간 애굽에서 종살이하던 이스라엘을 출애굽시키기 위한 일을 시작하십니다. 오늘 본문의 말씀은 애굽에 쏟아진 10가지 재앙 중 첫 번째 이적입니다. 하나님은 모세에게 애굽 땅에서 행할 모

든 것을 말씀하십니다. 모세가 하는 일은 하나님의 말씀을 바로에게 전하는 것뿐입니다. 모든 일은 하나님이 주도하고 계십니다. 하나님의 계획을 막을 사람은 없습니다. 애굽에 시행된 이적을 통해서 우리는 무엇을 알 수 있습니까?

📍🗺️ 이적을 통해서 하나님이 누구인지 알게 됩니다

바로가 모세를 만나자 이적을 보이라고 합니다. 모세는 하나님의 말씀대로 아론의 지팡이를 뱀으로 만들었습니다. 그러자 바로와 함께하는 애굽의 요술사들도 지팡이를 뱀으로 만들었습니다. 그런데 아론의 지팡이가 요술사들의 지팡이를 삼켜 버렸습니다. 바로의 마음은 완강해졌고 하나님은 모세의 지팡이를 통해 나일강이 피로 변하는 이적을 말씀하셨습니다. "여호와가 이같이 이르노니 네가 이로 말미암아 나를 여호와인 줄 알리라 볼지어다 내가 내 손의 지팡이로 나일 강을 치면 그것이 피로 변하고"(17절). 이적은 단순히 사람들을 놀라게 하기 위한 것도 아니고 하나님의 능력을 과시하려는 것도 아닙니다. 이적의 분명한 목적은 온 땅의 왕 되시는 하나님을 알리는 것입니다. 애굽의 왕 바로는 애굽 땅에서 신격화된 존재였습니다. 스스로 신을 자처한 조작된 신입니다. 바로와 애굽의 모든 사람들은 이제 이적을 통해 진정한 신이 누구인지 알게 될 것입니다. 모세와 아론이 하나님이 명하신 대로 하자 나일강이 피로 물들었습니다. 애굽인들은 나일강을 "어머니 나일"이라고 불렀습니다. 인류의 창조자이자 나일강의 신으로 크눔을 숭배했습니다. 나일강은 애굽인에게 물고기와 농업 수로를 제공하고 교통로로도 사용되었습니다. 하지만 하나님의 명령대로 행하자 한순간에 피로 물들게 되었습니다. 이를 통해 하나님만이 유일한 신임이 증명된 것입니다.

📍🗺️ 교만을 버리고 하나님을 섬겨야 합니다

사람은 쉽게 변하지 않습니다. 특히나 교만한 사람이 자신의 아집을 내려놓는 것은 쉽지 않습니다. 모세에 의해 하나님의 능력이 나타났음에도 불구하고 바로는 하나님을 믿는 것이 아니라 더욱 마음이 강퍅해졌습니다. "바로의 마음이 완악하여 그들의 말을 듣지 아니하니 여호와의 말씀과 같더라 바로가 돌이켜 궁으로 들어가고 그 일에 관심을 가지지도 아니하였고"(22-23절). 인간이 어디까지 완악해질 수 있는가를 보여 주는 반면교사입니다. 완악함의 대가는 끝없는 고통입니다. 바로가 이쯤에서 돌이켰다면 애굽의 재앙은 여기서 멈추었을 것입니다. 하지만 바로의 완악함으로 인해서 이제부터 애굽에 쏟아지는 재앙이 본격화됩니다. 하나님께서 기회를 주실 때 교만을 버리고 하나님께 순복해야 합니다.

하나님만이 우리가 섬길 유일한 신입니다. 우리의 역할은 모세와 아론처럼 하나님의 살아 계심을 삶을 통해 증명해 보이는 것입니다. 세계 최고의 권력자 바로 앞이라 할지라도 하나님이 말씀하시면 즉시 순종하는 가정이 되길 바랍니다.

♀ 나눔

1. 내 인생 가운데 벌어진 특별한 하나님의 은혜가 있다면 가족과 나눠 보세요.
2. 하나님의 말씀을 순종하기 힘든 상황이었지만 믿음으로 담대히 순종한 경험이 있다면 가족과 나눠 보세요.

♀ 기도

왕이신 하나님, 우리 가정을 통해 영광 받으시기 원합니다. 세상의 헛된 우상을 두려워하지 않게 하시고, 오직 하나님의 말씀만을 따르는 가정이 되게 하옵소서. 삶을 통해 하나님의 왕 되심을 증거하게 하옵소서. 왕이신 예수님의 이름으로 기도합니다. 아멘.

♀ 우리 가족 이번 주 미션

새로운 날이 열리다

6월
둘째 주

출애굽기 12장 1-14절
은혜의 찬양 403장 시작됐네

출애굽기 12장 1-14절

1 여호와께서 애굽 땅에서 모세와 아론에게 일러 말씀하시되

2 이 달을 너희에게 달의 시작 곧 해의 첫 달이 되게 하고

3 너희는 이스라엘 온 회중에게 말하여 이르라 이 달 열흘에 너희 각자가 어린 양을 취할지니 각 가족대로 그 식구를 위하여 어린 양을 취하되

4 그 어린 양에 대하여 식구가 너무 적으면 그 집의 이웃과 함께 사람 수를 따라서 하나를 취하며 각 사람이 먹을 수 있는 분량에 따라서 너희 어린 양을 계산할 것이며

5 너희 어린 양은 흠 없고 일 년 된 수컷으로 하되 양이나 염소 중에서 취하고

6 이 달 열나흗날까지 간직하였다가 해 질 때에 이스라엘 회중이 그 양을 잡고

7 그 피를 양을 먹을 집 좌우 문설주와 인방에 바르고

8 그 밤에 그 고기를 불에 구워 무교병과 쓴 나물과 아울러 먹되

9 날것으로나 물에 삶아서 먹지 말고 머리와 다리와 내장을 다 불에 구워 먹고

10 아침까지 남겨두지 말며 아침까지 남은 것은 곧 불사르라

11 너희는 그것을 이렇게 먹을지니 허리에 띠를 띠고 발에 신을 신고 손에 지팡이를 잡고 급히 먹으라 이것이 여호와의 유월절이니라

12 내가 그 밤에 애굽 땅에 두루 다니며 사람이나 짐승을 막론하고 애굽 땅에 있는 모든 처음 난 것을 다 치고 애굽의 모든 신을 내가 심판하리라 나는 여호와라

13 내가 애굽 땅을 칠 때에 그 피가 너희가 사는 집에 있어서 너희를 위하여 표적이 될지라 내가 피를 볼 때에 너희를 넘어가리니 재앙이 너희에게 내려 멸하지 아니하리라

14 너희는 이 날을 기념하여 여호와의 절기를 삼아 영원한 규례로 대대로 지킬지니라

살다 보면 특별히 기념하는 날이 있습니다. 태어난 생일, 사랑의 결실을 맺는 결혼식 날, 자녀가 태어난 날 등 인생에 중요한 기념일이 있습니다. 아마도 그날은 사람마다 다를 것입니다. 그런데 오늘 본문의 유월절은 모든 사람들이 반드시 기억해야 하는 중요한 날입니다. "이 달을 너희에게 달의 시작 곧 해의 첫 달이 되게 하고"(2절). 이스라엘 백성들에게는 이미 살아온 날을 표시하는 월력이 있었습니다. 하지만 하나님은 유월절을 해의 첫 달이 되게 하라고 하셨습니다. 유월절은 옛 삶에서 새로운 삶으로 넘어가는 중요한 날이기 때문입니다. 애굽 땅에 사망과 죽음의 슬픔이 침범할 때 이스라엘은 어린 양의 피 흘림으로 죽음이 넘어가게(Pass over) 되었습니다. 유월절로 인해서 이스라엘은 완전히 새로운 신분, 새로운 관계, 새로운 세상을 맞이하게 된 것입니다. 이처럼 중요한 유월절 규례를 잠시 살펴보겠습니다.

유월절은 어린 양의 피 흘림으로 주어졌습니다

"너희 각자가 어린 양을 취할지니 각 가족대로 그 식구를 위하여 어린 양을 취하되"(3절). 어린 양의 희생을 통해 구원의 역사가 이루어집니다. 이스라엘 백성은 어린 양을 취한 후에 그 피를 집 좌우 문설주와 인방에 바르고(7절), 그 고기를 먹었습니다(8-9절). 이것은 예수님께서 십자가에서 우리를 위해 살이 찢기시고 피를 흘리신 것을 예표합니다. 결국 우리가 구원을 받은 것은 절대적인 하나님의 은혜로 이루어진 것입니다. 인간의 공로는 1퍼센트도 들어가 있지 않습니다. 오직 하나님의 은혜로 구원을 얻은 것입니다. 흔히 신앙생활을 하다 보면 은혜로 시작하여 결국 공로를 주장하는 사람들이 있습니다. 하나님을 믿으면서 자신의 공로를 주장하는 것만큼 어리석은 일은 없습니다. 은혜로 살리심을 받은 사람은 마지막까지 은혜만을 붙잡아야 합니다.

유월절 절차는 영적으로 중요한 의미를 담고 있습니다

하나님은 유월절의 피를 집 좌우 문설주와 인방에 바르라고 하십니다. 그렇다면 그 집은 온통 피투성이가 될 것입니다. 온 집에 피비린내가 진동하고 마치 도살장과 같은 죽음의 장소를 방불하게 될 것입니다. 하지만 이 죽음의 장소와 같았던 곳에 머물렀던 이스라엘이 도리어 구원을 받고, 그 외 사람들은 장자가 죽임을 당했습니다. 어린 양의 피 안에 있었던 사람들은 어린 양의 죽음과 자신의 장자의 죽음이 맞바뀌었다는 것을 생생하게 경험한 것입니다. 집 좌우 문설주와 인방의 피는 대속의 죽음을 상징하는 것입니다. 또한 하나님은 어린 양을 먹을 때는 허리에 띠를 띠고 발에 신을 신고 손에 지팡이를 잡고 급히 먹으라고(11절) 하셨습니다. 구원의 문제는 시급한 일이기 때문에 여유를 부리며 지체하지 말고 즉각 응답하란 것입니다. 또 고기를 먹을 때 무교병과 쓴 나물을 같이 먹으라고 하셨습니다(8절). 무교병은 누룩 없는 떡으로 신명기 16장 3절에서는 "고난의 떡"이라고 했습니다. 이스라엘 백성은 고난의 떡과 쓴 나물을 먹으면서 애굽에서의 쓰고 괴로웠던 삶을 기억했을 것입니다. 또한 다시는 옛 삶으로 돌아가지 않을 것을 다짐했을 것입니다.

어린 양의 대속적 죽음으로 이스라엘에 새로운 날이 시작되었습니다. 애굽의 장자들처럼 죽어야 했는데 애굽의 장자들은 경험하지 못했던 새로운 날이 이스라엘에 주어진 것입니다. 모든 것이 하나님의 은혜입니다. 구원의 감격과 은혜가 날마다 충만한 가정이 되어야 할 것입니다.

♀ 나눔

1. 구원의 은혜에 대해서 크고 깊게 경험한 적이 있다면 가족과 나눠 보세요.
2. 구원의 은혜를 입은 우리가 할 일은 지금도 죽어 가는 사람들에게 예수님을 전하는 것입니다. 누구에게 이 복된 소식을 전할지 가족과 나눠 보세요.

♀ 기도

하나님, 독생자 예수 그리스도의 대속의 은혜로 우리를 구원해 주셔서 감사합니다. 어떤 말로도 어떤 행위로도 다 갚을 수 없는 하나님의 은혜를 잊지 않는 가정이 되게 하옵소서. 날마다 구원의 감격과 감사가 깊어지는 가정이 되게 하옵소서. 귀하신 예수님의 이름으로 기도합니다. 아멘.

♀ 우리 가족 이번 주 미션

여호와의 군대여, 세상을 향해 진군하라

출애굽기 12장 37-42절
은혜의 찬양 421장 전능하신 나의 주 하나님은

출애굽기 12장 37-42절

37 이스라엘 자손이 라암셋을 떠나서 숙곳에 이르니 유아 외에 보행하는 장정이 육십만 가량이요

38 수많은 잡족과 양과 소와 심히 많은 가축이 그들과 함께 하였으며

39 그들이 애굽으로부터 가지고 나온 발교되지 못한 반죽으로 무교병을 구웠으니 이는 그들이 애굽에서 쫓겨나므로 지체할 수 없었음이며 아무 양식도 준비하지 못하였음이었더라

40 이스라엘 자손이 애굽에 거주한 지 사백삼십 년이라

41 사백삼십 년이 끝나는 그 날에 여호와의 군대가 다 애굽 땅에서 나왔은즉

42 이 밤은 그들을 애굽 땅에서 인도하여 내심으로 말미암아 여호와 앞에 지킬 것이니 이는 여호와의 밤이라 이스라엘 자손이 다 대대로 지킬 것이니라

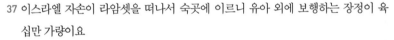

이스라엘이 백성이 드디어 애굽을 벗어나 출애굽을 합니다. 노예로

서 억압과 눌림의 삶을 산 지가 430년입니다. 한 세대를 30년으로 본다면 열 세대가 넘는 동안 노예로 살아온 것입니다. 이스라엘은 뼛속까지 노예였고 노예 말고는 다른 것을 생각할 수도 없는 상황이었습니다. 그런데 성경은 출애굽하는 이스라엘을 "여호와의 군대"라고 표현합니다(41절). 왜 성경은 노예 이스라엘을 여호와의 군대라고 불렀을까요?

📍🗺️ 하나님의 군사로서의 정체성을 지녀야 합니다

사람은 자신을 바라보는 정체성에 따라 살아갑니다. 거지 옷을 입고 있어도 왕자이면 왕자답게 행동하고, 왕자 옷을 입고 있어도 거지라면 거지처럼 행동합니다. 노예로서의 정체성을 지니고 있다면 아무리 몸이 출애굽하였어도 정서적, 영적으로는 여전히 애굽의 노예처럼 행동할 것입니다. 하나님은 이스라엘을 하나님의 군사로 호명하심으로써 그들의 정체성이 변화되길 원하셨습니다. "이 밤은 그들을 애굽 땅에서 인도하여 내심으로 말미암아 여호와 앞에 지킬 것이니 이는 여호와의 밤이라 이스라엘 자손이 다 대대로 지킬 것이니라"(42절). '지킨다'라는 단어는 군사적 용어로, 경계를 서고 감시한다는 뜻입니다. 하나님께서는 출애굽하는 이스라엘을 평범한 백성에서 여호와의 군대로, 종의 신분에서 여호와의 군사로 신분이 변화되길 원하시는 것입니다.

하나님만을 따르는 군대가 되어야 합니다

이스라엘 백성들의 모습은 군대라고 하기에는 너무도 초라했습니다. 군복도 없고 무기도 없습니다. 한 번도 전쟁을 치른 적이 없고, 어린 아이들과 노인들과 여인들이 동행하기 때문에 신경 쓸 일이 많았습니다. 더군다나 먹을 양식도 준비하지 못했습니다. 전쟁을 치를 만한 아무런 준비도 하지 못한 이스라엘을 성경에서는 "하나님의 군대"라고 표현합니다.

하나님의 군대는 세상과는 다른 방식으로 전쟁을 합니다. 하나님의 군대는 모든 전쟁이 하나님께 속했다는 믿음을 가지고 하나님의 방법대로 순종하며 싸웁니다. 전쟁의 결과는 하나님께 맡기고 오직 현재에 충실하게 순종할 뿐입니다. 하나님의 군대는 자신의 경험을 의지하지 않고, 자신이 소유한 것으로 무기를 삼지도 않습니다. 세상의 눈치를 볼 필요도 없고, 오직 하나님에 대한 전적인 신뢰로 전진할 뿐입니다. 다윗의 고백이 하나님 군대의 고백입니다. "다윗이 블레셋 사람에게 이르되 너는 칼과 창과 단창으로 내게 나아 오거니와 나는 만군의 여호와의 이름 곧 네가 모욕하는 이스라엘 군대의 하나님의 이름으로 네게 나아가노라"(삼상 17:45).

우리는 하나님의 은혜로 죄의 노예에서 하나님 나라의 군대가 되었습니다. 신분이 바뀌면 그 신분에 걸맞게 살아야 합니다. 우리는 하나님의 군대입니다. 세상 앞에서 기죽지 말고 당당하게 하나님의 말씀으로 싸워 승리하는 군사가 되길 축복합니다.

♀ 나눔

1. 하나님 안에서 발견한 나만의 정체성이 있다면 가족과 나눠 보세요.
2. 하나님의 군대답게 나는 어떤 전쟁을 치르고 있는지 가족과 나눠 보세요.

♀ 기도

세상에 갇혀 죄의 노예로 살던 저희 가정을 구원하신 하나님, 감사드립니다.
이후로는 우리 가정이 하나님의 군대답게 살게 하옵소서. 좌로나 우로나 치우
치지 않고 오직 말씀의 길로만 행군하는 가정이 되게 하옵소서.

♀ 우리 가족 이번 주 미션

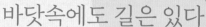

바닷속에도 길은 있다

출애굽기 14장 10-25절
찬송가 383장 눈을 들어 산을 보니

출애굽기 14장 10-25절

10 바로가 가까이 올 때에 이스라엘 자손이 눈을 들어 본즉 애굽 사람들이 자기들 뒤에 이른지라 이스라엘 자손이 심히 두려워하여 여호와께 부르짖고

11 그들이 또 모세에게 이르되 애굽에 매장지가 없어서 당신이 우리를 이끌어 내어 이 광야에서 죽게 하느냐 어찌하여 당신이 우리를 애굽에서 이끌어 내어 우리에게 이같이 하느냐

12 우리가 애굽에서 당신에게 이른 말이 이것이 아니냐 이르기를 우리를 내버려 두라 우리가 애굽 사람을 섬길 것이라 하지 아니하더냐 애굽 사람을 섬기는 것이 광야에서 죽는 것보다 낫겠노라

13 모세가 백성에게 이르되 너희는 두려워하지 말고 가만히 서서 여호와께서 오늘 너희를 위하여 행하시는 구원을 보라 너희가 오늘 본 애굽 사람을 영원히 다시 보지 아니하리라

14 여호와께서 너희를 위하여 싸우시리니 너희는 가만히 있을지니라

15 여호와께서 모세에게 이르시되 너는 어찌하여 내게 부르짖느냐 이스라엘 자손에게 명령하여 앞으로 나아가게 하고

16 지팡이를 들고 손을 바다 위로 내밀어 그것이 갈라지게 하라 이스라엘 자손이 바다 가운데서 마른 땅으로 행하리라

17 내가 애굽 사람들의 마음을 완악하게 할 것인즉 그들이 그 뒤를 따라 들어갈 것이라 내가 바로와 그의 모든 군대와 그의 병거와 마병으로 말미암아 영광을 얻으리니

18 내가 바로와 그의 병거와 마병으로 말미암아 영광을 얻을 때에야 애굽 사람들이 나를 여호와인 줄 알리라 하시더니

19 이스라엘 진 앞에 가던 하나님의 사자가 그들의 뒤로 옮겨 가매 구름 기둥도 앞에서 그 뒤로 옮겨

20 애굽 진과 이스라엘 진 사이에 이르러 서니 저쪽에는 구름과 흑암이 있고 이쪽에는 밤이 밝으므로 밤새도록 저쪽이 이쪽에 가까이 못하였더라

21 모세가 바다 위로 손을 내밀매 여호와께서 큰 동풍이 밤새도록 바닷물을 물러가게 하시니 물이 갈라져 바다가 마른 땅이 된지라

22 이스라엘 자손이 바다 가운데를 육지로 걸어가고 물은 그들의 좌우에 벽이 되니

23 애굽 사람들과 바로의 말들, 병거들과 그 마병들이 다 그들의 뒤를 추격하여 바다 가운데로 들어오는지라

24 새벽에 여호와께서 불과 구름 기둥 가운데서 애굽 군대를 보시고 애굽 군대를 어지럽게 하시며

25 그들의 병거 바퀴를 벗겨서 달리기가 어렵게 하시니 애굽 사람들이 이르되 이스라엘 앞에서 우리가 도망하자 여호와가 그들을 위하여 싸워 애굽 사람들을 치는도다

이스라엘은 하나님의 명령을 따라 바알스본 맞은편 바닷가에 장막을 쳤습니다. 이 소식을 들은 바로는 병거와 마병을 이끌고 이스라엘을 뒤쫓았습니다. 앞에는 홍해가 길을 막고 있고 뒤에는 애굽의 군대가 턱

밑까지 온 상황입니다. 이스라엘은 심히 두려워하고 있습니다(10절). 출애굽을 하자마자 몰살당할 위기에 놓인 것입니다. 하지만 이 위기는 도리어 성경에 기록된 하나님의 이적 가운데 가장 위대하고 장엄한 이적이 일어나는 무대가 되었습니다. 위기의 순간이 어떻게 하나님의 이적을 경험하는 무대가 될 수 있을까요?

📍 믿음으로 앞으로 나아가라

이스라엘은 애굽의 큰 군대를 보고 두려워 떨었습니다. 마음이 두려움에 굳어지면 앞으로 전진할 수 없습니다. 이스라엘은 애굽의 군대를 볼 것이 아니라 하나님을 바라봐야 했습니다. 하나님은 앞으로 전진할 것을 명령하십니다. "여호와께서 모세에게 이르시되 너는 어찌하여 내게 부르짖느냐 이스라엘 자손에게 명령하여 앞으로 나아가게 하고"(15절). 이스라엘이 전진해야 할 앞쪽에는 홍해가 있었습니다. 그런데 하나님은 그 거대한 바다를 향해서 나아가라고 하십니다. 살아남을 확률로 따지자면 전진하기보다는 후퇴하여 애굽 군사에게 목숨을 구걸하는 편이 나을 수도 있습니다. 하지만 하나님의 능력은 확률을 초월하여 역사하십니다. 이스라엘에 필요한 것은 하나님에 대한 절대적인 믿음입니다. 사실 하나님께서 바다를 먼저 갈라놓으시고 건너라고 하신다면 고민 없이 홍해로 달려들었을 것입니다. 하지만 그것은 하나님의 방법이 아닙니다. 믿음으로 나아가는 것이 먼저이고, 홍해가 갈라지는 것이 그다음입니다. 능력은 하나님께 있고 우리에게 필요한 것은 하나님에 대한 절대적인 믿음입니다.

🗺️ 기도하는 사람에게 길이 열립니다

이스라엘 백성들이 두려워하며 원망하자 모세는 가만히 있으라고 외칩니다. "여호와께서 너희를 위하여 싸우시리니 너희는 가만히 있을지니라"(14절). 이스라엘은 위기 중에 원망하며 불신앙을 드러냈습니다. 하지만 모세는 담대합니다. 이스라엘이 원망하고 있을 때 모세는 기도했습니다. 원망은 절망하게 만들지만 기도는 소망을 품게 합니다. 모세는 기도를 마친 후에 지팡이를 들고 손을 바다 위로 내밀었습니다. 그러자 하나님은 큰 동풍이 밤새도록 불어오게 하셔서 바다가 갈라져 마른 땅이 되게 하셨습니다. 이스라엘은 바닷길을 육지를 걷는 것처럼 마른 땅으로 걸었습니다. 길을 가로막은 홍해 길도 기도하면 은혜의 길로 변화됩니다. 모든 사람이 원망하고 있었지만 기도하는 한 사람, 모세의 기도를 통해 하나님은 길을 열어 주셨습니다. 기도하는 사람은 언제나 하나님이 준비하시는 길을 보게 될 것입니다.

온 세상을 창조하신 하나님께는 막힌 길이 없습니다. 하나님은 길을 만드시는 분입니다. 인생의 홍해를 만나는 절망의 순간에 길이 없다고 원망하지 말고 믿음으로 기도하는 가정이 되길 바랍니다. 그때 홍해 위를 발로 밟고 걷든지 홍해가 갈라져 땅을 밟고 건너게 될 것입니다.

♀ 나눔

1. 홍해가 길을 가로막은 듯한 상황에서 하나님을 향한 믿음으로 전진한 경험이 있다면 가족과 나눠 보세요.
2. 나는 문제를 만날 때 원망부터 하는 사람입니까, 기도부터 하는 사람입니까?

♀ 기도

길을 내시는 하나님, 우리 가정의 목자가 되어 주셔서 감사드립니다. 우리 가정이 환경과 상관없이 하나님만을 따르는 가정이 되길 원합니다. 막힌 길을 보며 주저앉기보다는 무릎 꿇어 기도하는 가정이 되게 하옵소서. 언제나 선한 길로 인도하실 예수님의 이름으로 기도합니다. 아멘.

♀ 우리 가족 이번 주 미션

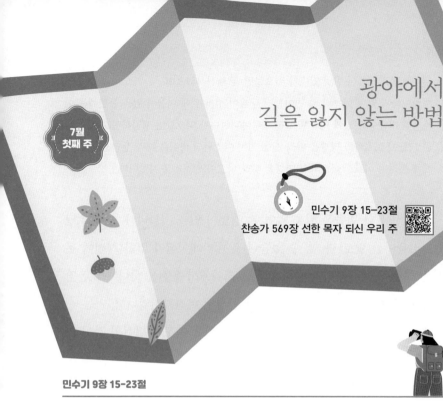

민수기 9장 15-23절

15 성막을 세운 날에 구름이 성막 곧 증거의 성막을 덮었고 저녁이 되면 성막 위에 불 모양 같은 것이 나타나서 아침까지 이르렀으되

16 항상 그러하여 낮에는 구름이 그것을 덮었고 밤이면 불 모양이 있었는데

17 구름이 성막에서 떠오르는 때에는 이스라엘 자손이 곧 행진하였고 구름이 머무는 곳에 이스라엘 자손이 진을 쳤으니

18 이스라엘 자손이 여호와의 명령을 따라 행진하였고 여호와의 명령을 따라 진을 쳤으며 구름이 성막 위에 머무는 동안에는 그들이 진영에 머물렀고

19 구름이 성막 위에 머무는 날이 오랠 때에는 이스라엘 자손이 여호와의 명령을 지켜 행진하지 아니하였으며

20 혹시 구름이 성막 위에 머무는 날이 적을 때에도 그들이 다만 여호와의 명령을 따라 진영에 머물고 여호와의 명령을 따라 행진하였으며

21 혹시 구름이 저녁부터 아침까지 있다가 아침에 그 구름이 떠오를 때에는 그들이

행진하였고 구름이 밤낮 있다가 떠오르면 곧 행진하였으며

22 이틀이든지 한 달이든지 일 년이든지 구름이 성막 위에 머물러 있을 동안에는 이스라엘 자손이 진영에 머물고 행진하지 아니하다가 떠오르면 행진하였으니

23 곧 그들이 여호와의 명령을 따라 진을 치며 여호와의 명령을 따라 행진하고 또 모세를 통하여 이르신 여호와의 명령을 따라 여호와의 직임을 지켰더라

어릴 적에 한 번쯤은 길을 잃어 본 경험이 있을 것입니다. 그때의 당황스러움이란 말로 다 할 수 없습니다. 내비게이션이 없던 시절에 운전을 해 본 사람이라면 익숙하지 않은 지역에서 운전을 하다가 식은땀을 흘린 경험이 있을 것입니다. 우리 인생도 마찬가지입니다. 가는 길이 보이지 않고, 방향도 모르겠고, 준비한 인생 지도와 현실의 길이 다를 때 불안해집니다. 더군다나 내일이란 길은 한 번도 경험해 보지 못한 길이기 때문에 우리에게는 반드시 선한 안내자가 필요합니다. 이스라엘 백성은 이제 본격적으로 광야 길로 들어갑니다. 이스라엘은 한 번도 애굽 밖으로 나간 적이 없고, 광야라는 곳에 뚜렷한 길이 나 있는 것도 아니고, 지도가 있는 것도 아닙니다. 하지만 광야에서도 길을 잃지 않을 절대 공식이 있습니다.

📍 하나님의 임재를 경험하라

성막에 놀라운 일이 일어났습니다. "성막을 세운 날에 구름이 성막 곧 증거의 성막을 덮었고 저녁이 되면 성막 위에 불 모양 같은 것이 나타나서 아침까지 이르렀으되"(15절). 낮에는 구름이 성막을 덮었고 저

녁에는 불 모양 같은 것이 나타났습니다. 구름과 불은 하나님의 임재를 상징합니다. 낮의 구름 기둥은 광야에서 내리쬐는 강렬한 태양빛을 막아 주고, 저녁의 불은 추운 광야의 밤을 따뜻하게 해 주었습니다. 하나님의 임재를 통해서 이스라엘은 광야에서 안전하게 보호를 받은 것입니다.

길을 모르는 광야에 있더라도 하나님의 임재를 충만하게 경험한다면 전혀 두렵지 않습니다. 마치 어린 자녀가 자신이 전혀 모르는 곳에 있을지라도 부모와 함께 있다면 전혀 두려워하지 않는 것과 같습니다. 그러므로 인생의 길을 걸어갈 때 가장 중요한 것은 하나님의 임재 속에 거하는 것입니다. 내가 걸어가는 인생의 길과 방향을 아는 것보다 하나님의 임재를 경험하는 것이 더욱 중요합니다. 하나님과 함께한다면 광야도 천국이고, 하나님이 함께하시지 않는다면 가나안 땅도 지옥과 같기 때문입니다.

📍 하나님의 명령을 따라 움직이라

시냇물을 건널 때 신발을 젖지 않고 안전하게 건너기 위해서는 수면 위로 오른 돌을 밟고 건너야 합니다. 그 돌만 잘 밟으면 안전하게 시냇물을 가로질러 갈 수 있습니다. 그렇다면 광야의 길을 지날 때는 어떻게 해야 할까요? 오늘 본문에서 가장 많이 등장하는 어구는 "여호와의 명령을 따라"입니다. 시냇물을 건널 때 돌을 밟고 가듯이 광야를 지날 때는 여호와의 명령을 따라 걸어야 합니다. 가시적으로는 구름과 불을 따라 움직였으나 그것이 곧 하나님의 말씀을 따라 움직이는 것이었습니다. 광야 길에서는 하나님의 말씀을 따라 움직이지 않고서는 생존할 수 없습니다. 그런 면에서 광야를 살아가는 방법은 참 쉽습니다. 그저 하나님의 말씀에 순종하며 살아가면 됩니다. 하나님의 말씀에 대한 의심 없이 하나님이 인도하시는 대로 걸어가는 단순한 믿음이면 됩니다. 단순한 인생을 복잡하게 사는 방법은 하나님의 말씀을 의심하고 자기 생각대로 이리 재고 저리 재면서 사는 것입니다. 이스라엘은 40년간 광야에서 살았으나 한 번도 길을 잃은 적이 없었습니다. 단지 이스라엘의 불신앙으로 지연되었을 뿐입니다.

우리는 광야를 통과할 길을 알지 못하지만 모든 것을 아시는 하나님과 함께하고 있습니다. 하나님의 임재를 충만히 경험하고, 하나님의 말씀을 따라 걷는다면 광야 길도 즐거운 길이 될 수 있습니다. 길을 창조하시는 하나님과 동행하는 가정이 되길 축복합니다.

♀ 나눔

1. 하나님의 임재를 충만히 경험한 적이 있다면 그때의 상황을 가족과 나눠 보세요.
2. 길이 보이지 않는 상황에서 하나님의 말씀에 순종하여 길을 찾은 경험이 있다면 가족과 나눠 보세요.

♀ 기도

우리 가정을 구름과 불로 인도하시는 하나님, 감사드립니다. 우리 가정에 하나님의 임재가 충만하게 하시고, 오직 하나님의 말씀을 따라 순종하는 가정이 되게 하옵소서. 천천히 갈지라도 하나님과 함께하는 것을 가장 큰 기쁨으로 여기는 가정이 되게 하옵소서. 우리 가정을 인도하시는 예수님의 이름으로 기도합니다. 아멘.

♀ 우리 가족 이번 주 미션

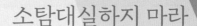

소탐대실하지 마라

민수기 11장 26-35절
찬송가 570장 주는 나를 기르시는 목자

민수기 11장 26-35절

26 그 기명된 자 중 엘닷이라 하는 자와 메닷이라 하는 자 두 사람이 진영에 머물고 장막에 나아가지 아니하였으나 그들에게도 영이 임하였으므로 진영에서 예언한지라

27 한 소년이 달려와서 모세에게 전하여 이르되 엘닷과 메닷이 진중에서 예언하나이다 하매

28 택한 자 중 한 사람 곧 모세를 섬기는 눈의 아들 여호수아가 말하여 이르되 내 주 모세여 그들을 말리소서

29 모세가 그에게 이르되 네가 나를 두고 시기하느냐 여호와께서 그의 영을 그의 모든 백성에게 주사 다 선지자가 되게 하시기를 원하노라

30 모세와 이스라엘 장로들이 진중으로 돌아왔더라

31 바람이 여호와에게서 나와 바다에서부터 메추라기를 몰아 진영 곁 이쪽 저쪽 곧 진영 사방으로 각기 하룻길 되는 지면 위 두 규빗쯤에 내리게 한지라

32 백성이 일어나 그 날 종일 종야와 그 이튿날 종일토록 메추라기를 모으니 적게 모은 자도 열 호멜이라 그들이 자기들을 위하여 진영 사면에 펴 두었더라
33 고기가 아직 이 사이에 있어 씹히기 전에 여호와께서 백성에게 대하여 진노하사 심히 큰 재앙으로 치셨으므로
34 그 곳 이름을 기브롯 핫다아와라 불렀으니 욕심을 낸 백성을 거기 장사함이었더라
35 백성이 기브롯 핫다아와에서 행진하여 하세롯에 이르러 거기 거하니라

이스라엘은 하나님의 은혜로 출애굽하여 노예에서 자유인이 되었습니다. 광야로 들어가 약속의 땅을 향해 전진했습니다. 광야를 통과하는 길은 모든 면에서 불편하고 부족하고 힘든 길입니다. 하지만 그 길 끝에 하나님이 예비하신 젖과 꿀이 흐르는 땅이 있다는 믿음이 있다면 참고 견딜 수 있습니다. 그런데 이스라엘은 광야에서 고기 타령을 하고 있습니다. 먹고 싶은 고기를 못 먹는다고 응석을 부리고 있습니다. 결국 이스라엘은 하찮은 것을 얻으려다가 큰 것을 잃어버리게 됩니다. 탐욕을 품은 이스라엘의 모습은 어떠했습니까?

하나님이 아닌 고기에 집중합니다

탐욕에 마음이 점령된 이스라엘에게 하나님은 메추라기를 몰아 주십니다. 그 넓이를 생각해 보면 반경이 약 32킬로미터에 이르는 지역에 메추라기가 내린 것입니다. 엄청난 하나님의 능력입니다. 이스라엘은 고개를 들어 이런 능력을 행하시는 하나님을 바라보는 것이 아니라 땅에 떨어진 메추라기를 주워 담느라 정신이 없습니다. 탐심에 취해 하

루 이틀 계속해서 메추라기를 주워 담았습니다. 이스라엘의 응석을 받아 주시고 메추라기를 보내신 하나님에 대한 감사는 없습니다. 아버지께서 집에 들어오셨는데 아버지는 반기지 않고 아버지 손에 든 선물만 바라보는 격입니다. 요한복음 6장에서 오병이어 사건이 일어날 때도 마찬가지였습니다. 사람들은 오병이어 사건이 일어날 때 환호했지만 그 이유는 예수님 때문이 아니라 떡과 고기 때문이었습니다(요 6:26). 탐욕에 눈이 먼 사람은 하나님이 보이지 않고 물질만 보입니다.

탐심을 품고는 믿음의 길을 지속할 수 없습니다

탐심과 정욕을 다스리지 못하는 이스라엘은 더 이상 필요하지도 않은 메추라기를 줍기 위해 인생을 허비하고 있습니다. 가장 적게 거둔 사람도 10호멜을 거두었다고 합니다. 10호멜은 2,200리터입니다. 절대로 한 사람이 혼자서 다 먹을 수 없는 양입니다. 하나님에 대한 믿음이 없으니 언제 또 이런 일이 있을까 싶어서 주워 담은 것입니다. 결국 축복으로 주어진 메추라기는 심판의 도구가 됩니다. "고기가 아직 이 사이에 있어 씹히기 전에" 여호와께서 큰 재앙을 내리셨습니다(민 11:33). 이스라엘은 하나님에 대한 믿음도 친밀감도 없었습니다. 하나님을 통해 무엇인가를 얻으려고만 했습니다. 믿음의 길은 세상을 역류하는 길이기 때문에 몸이 휘청거릴 정도의 저항을 받을 것입니다. 하지만 그 길이 생명의 길이기에 믿음으로 걷는 것입니다. 세상의 작은 것에 마음을 빼앗겨 하나님의 큰 것을 놓치지 않기를 축복합니다.

📍 나눔

1. 욕심이 과하여 실수한 경험이 있다면 가족과 나눠 보세요.
2. 지금 내려놓아야 할 탐심이 생각났다면 가족과 나눠 보세요.

📍 기도

하나님, 우리 가정이 현실에 함몰되지 않기를 바랍니다. 욕망의 구덩이에 빠져서 하나님을 바라보지 못하고 허우적거리지 않게 하옵소서. 하나님이 주시는 축복보다 하나님 자체를 더 갈망하는 가정이 되게 하옵소서. 모든 것 되시는 예수님의 이름으로 기도합니다. 아멘.

📍 우리 가족 이번 주 미션

같은 상황, 다른 반응

민수기 14장 1-10절
찬송가 347장 허락하신 새 땅에

민수기 14장 1-10절

1 온 회중이 소리를 높여 부르짖으며 백성이 밤새도록 통곡하였더라

2 이스라엘 자손이 다 모세와 아론을 원망하며 온 회중이 그들에게 이르되 우리가
   애굽 땅에서 죽었거나 이 광야에서 죽었으면 좋았을 것을

3 어찌하여 여호와가 우리를 그 땅으로 인도하여 칼에 쓰러지게 하려 하는가 우리
   처자가 사로잡히리니 애굽으로 돌아가는 것이 낫지 아니하랴

4 이에 서로 말하되 우리가 한 지휘관을 세우고 애굽으로 돌아가자 하매

5 모세와 아론이 이스라엘 자손의 온 회중 앞에서 엎드린지라

6 그 땅을 정탐한 자 중 눈의 아들 여호수아와 여분네의 아들 갈렙이 자기들의 옷을
   찢고

7 이스라엘 자손의 온 회중에게 말하여 이르되 우리가 두루 다니며 정탐한 땅은 심
   히 아름다운 땅이라

8 여호와께서 우리를 기뻐하시면 우리를 그 땅으로 인도하여 들이시고 그 땅을 우

리에게 주시리라 이는 과연 젖과 꿀이 흐르는 땅이니라

9 다만 여호와를 거역하지는 말라 또 그 땅 백성을 두려워하지 말라 그들은 우리의 먹이라 그들의 보호자는 그들에게서 떠났고 여호와는 우리와 함께 하시느니라 그들을 두려워하지 말라 하나

10 온 회중이 그들을 돌로 치려 하는데 그 때에 여호와의 영광이 회막에서 이스라엘 모든 자손에게 나타나시니라

컵에 물이 반 있는 것을 보고 한 사람은 물이 "반밖에 남지 않았다"고 하고 다른 한 사람은 물이 "반이나 남았다"고 합니다. 어떤 사람은 "가난 때문에 아무것도 할 수 없다"고 말하고 어떤 사람은 "가난이 내가 가진 최고의 자산"이라고 말합니다. 사람에 따라서 상황은 같은데 반응은 다르게 나오는 것을 보게 됩니다.

오늘 본문의 상황도 마찬가지입니다. 가나안 땅에 들어가기에 앞서 이스라엘은 각 지파에서 한 명씩 택하여 열두 명의 정탐꾼을 가나안 땅에 보냈습니다. 그런데 같은 곳을 보고 왔는데 열두 명 가운데 열 명은 부정적인 보고를 하고 두 명은 긍정적인 보고를 합니다. 그리고 정탐꾼들의 말을 들은 온 회중이 밤새도록 통곡합니다. 이렇게 반응이 엇갈리는 이유는 무엇일까요?

🗺️ 사람의 눈으로 바라보면 절망합니다

부정적인 감정은 전염성이 강합니다. 사자도 두려움에 빠지면 강아지의 외침에도 기가 죽습니다. 부정적인 보고를 하는 열 명의 정탐꾼의

이야기를 들은 온 회중은 두려워서 밤새도록 통곡합니다. 두려움은 곧 원망의 대상을 찾습니다. "이스라엘 자손이 다 모세와 아론을 원망하여 온 회중이 그들에게 이르되 우리가 애굽 땅에서 죽었거나 이 광야에서 죽었으면 좋았을 것을"(2절). 이스라엘 백성들은 자신들의 두려움을 모세와 아론을 향한 원망으로 바꾸었습니다. 그리고 곧이어 하나님을 원망합니다. "어찌하여 여호와가 우리를 그 땅으로 인도하여 칼에 쓰러지게 하려 하는가 우리 처자가 사로잡히리니 애굽으로 돌아가는 것이 낫지 아니하랴"(3절).

그들의 두려움이 모세와 아론을 향한 원망으로 번지고 결국에는 하나님까지 원망하게 되었습니다. 일단 두려움의 심지에 불이 붙으면 모든 것을 태우게 되어 있습니다. 이런 두려움의 뿌리에는 자기 자신에 대한 과대한 신뢰가 있습니다. "그와 함께 올라갔던 사람들은 이르되 우리는 능히 올라가서 그 백성을 치지 못하리라 그들은 우리보다 강하니라 하고"(13:31). 자신들이 싸워 이기려 하니 두려움에 싸이는 것입니다. 자신들에 대한 지나친 신뢰가 무너지면 두려움이 급습합니다. 자신의 눈으로 상황을 바라보면 결과는 두려움뿐입니다.

하나님의 시각으로 상황을 바라봐야 합니다

이스라엘의 불신앙의 모습을 보고 모세와 아론은 엎드립니다. "모세와 아론이 이스라엘 자손의 온 회중 앞에서 엎드린지라"(14:5). 이는 사람들에게 살려 달라고 엎드린 것이 아니라 하나님께 엎드린 것입니다.

여호수아와 갈렙은 옷을 찢고 이스라엘에게 외칩니다. "이스라엘 자손의 온 회중에게 말하여 이르되 우리가 두루 다니며 정탐한 땅은 심히 아름다운 땅이라 여호와께서 우리를 기뻐하시면 우리를 그 땅으로 인도하여 들이시고 그 땅을 우리에게 주시리라 이는 과연 젖과 꿀이 흐르는 땅이니라"(7-8절). 같은 상황에서 온 회중은 절망하고 하나님을 원망하는데 여호수아와 갈렙은 심히 아름다운 땅이라고 합니다. 두려움의 땅이 심히 아름다운 땅으로 보이는 결정적인 이유는 하나님의 시각으로 바라보기 때문입니다. 하나님이 함께하신다는 믿음이 있다면 그 땅은 우리의 땅이 되는 것입니다.

사람은 객관적이지 않습니다. 같은 상황에 처해도 다르게 반응하는 것이 사람입니다. 객관적인 사람이 아닌 믿음의 사람이 되어야 합니다. 하나님의 시각으로 세상을 바라보고 해석하는 성도가 되어야 합니다.

♀ 나눔

1. 두려움에 싸여 무엇인가 도전하지 못한 경험이 있다면 가족과 나눠 보세요.
2. 모든 사람이 부정적인 의견을 말했으나 하나님을 향한 믿음으로 도전해 본 일이 있다면 가족과 나눠 보세요.

♀ 기도

하나님, 우리 가족이 여호수아와 갈렙 같은 담대한 믿음의 사람이 되길 원합니다. 어떤 상황에 처하든 믿음의 시각으로 바라보고 해석하는 가정이 되게 하옵소서. 언제나 하나님 편에 서는 가정이 되게 하옵소서. 우리 가정을 기뻐하시는 예수님의 이름으로 기도합니다. 아멘.

♀ 우리 가족 이번 주 미션

하나님이 두 돌판에 직접 기록하신 말씀

신명기 5장 1–22절

찬송가 540장 주의 음성을 내가 들으니

신명기 5장 1–22절

1 모세가 온 이스라엘을 불러 그들에게 이르되 이스라엘아 오늘 내가 너희의 귀에 말하는 규례와 법도를 듣고 그것을 배우며 지켜 행하라

2 우리 하나님 여호와께서 호렙 산에서 우리와 언약을 세우셨나니

3 이 언약은 여호와께서 우리 조상들과 세우신 것이 아니요 오늘 여기 살아 있는 우리 곧 우리와 세우신 것이라

4 여호와께서 산 위 불 가운데에서 너희와 대면하여 말씀하시매

5 그 때에 너희가 불을 두려워하여 산에 오르지 못하므로 내가 여호와와 너희 중간에 서서 여호와의 말씀을 너희에게 전하였노라 여호와께서 이르시되

6 나는 너를 애굽 땅, 종 되었던 집에서 인도하여 낸 네 하나님 여호와라

7 나 외에는 다른 신들을 네게 두지 말지니라

8 너는 자기를 위하여 새긴 우상을 만들지 말고 위로 하늘에 있는 것이나 아래로 땅에 있는 것이나 땅밑 물 속에 있는 것의 어떤 형상도 만들지 말며

9 그것들에게 절하지 말며 그것들을 섬기지 말라 나 네 하나님 여호와는 질투하는 하나님인즉 나를 미워하는 자의 죄를 갚되 아버지로부터 아들에게로 삼사 대까지 이르게 하거니와

10 나를 사랑하고 내 계명을 지키는 자에게는 천 대까지 은혜를 베푸느니라

11 너는 네 하나님 여호와의 이름을 망령되이 일컫지 말라 나 여호와는 내 이름을 망령되이 일컫는 자를 죄 없는 줄로 인정하지 아니하리라

12 네 하나님 여호와가 네게 명령한 대로 안식일을 지켜 거룩하게 하라

13 엿새 동안은 힘써 네 모든 일을 행할 것이나

14 일곱째 날은 네 하나님 여호와의 안식일인즉 너나 네 아들이나 네 딸이나 네 남종이나 네 여종이나 네 소나 네 나귀나 네 모든 가축이나 네 문 안에 유하는 객이라도 아무 일도 하지 못하게 하고 네 남종이나 네 여종에게 너 같이 안식하게 할지니라

15 너는 기억하라 네가 애굽 땅에서 종이 되었더니 네 하나님 여호와가 강한 손과 편 팔로 거기서 너를 인도하여 내었나니 그러므로 네 하나님 여호와가 네게 명령하여 안식일을 지키라 하느니라

16 너는 네 하나님 여호와께서 명령한 대로 네 부모를 공경하라 그리하면 네 하나님 여호와가 네게 준 땅에서 네 생명이 길고 복을 누리리라

17 살인하지 말지니라

18 간음하지 말지니라

19 도둑질 하지 말지니라

20 네 이웃에 대하여 거짓 증거하지 말지니라

21 네 이웃의 아내를 탐내지 말지니라 네 이웃의 집이나 그의 밭이나 그의 남종이나 그의 여종이나 그의 소나 그의 나귀나 네 이웃의 모든 소유를 탐내지 말지니라

22 여호와께서 이 모든 말씀을 산 위 불 가운데, 구름 가운데, 흑암 가운데에서 큰 음성으로 너희 총회에 이르신 후에 더 말씀하지 아니하시고 그것을 두 돌판에 써서 내게 주셨느니라

한국에 살면 한국 법을 따라야 합니다. 미국에 가면 미국 법을 따라야 하고 일본에 가면 일본 법을 따라야 합니다. 나라에 따라 법이 다르고 지켜야 할 의무가 달라집니다. 하나님 나라 역시 마찬가지입니다. 하나님 나라의 백성은 하나님의 법을 따라야 합니다. 이스라엘은 430년간 애굽에서 종으로 살면서 애굽의 노예 법을 따라 살았습니다. 그 법만 잘 따르면 애굽에서 편안하게 살 수 있었습니다. 하지만 이제는 애굽이 아닌 하나님 나라의 백성이 되었습니다. "나는 너를 애굽 땅, 종 되었던 집에서 인도하여 낸 네 하나님 여호와라"(6절). 이제는 애굽의 법이 아닌 하나님의 법을 따라야 합니다. 하나님은 그 법을 직접 두 돌판에 기록해서 모세에게 건네주셨습니다. 하나님 나라의 백성이 지켜야 할 법은 무엇입니까?

📍🗺️ 하나님을 사랑하라

하나님 나라의 백성이 지켜야 할 첫 번째 계명은 '하나님 사랑'입니다. "나 외에는 다른 신들을 네게 두지 말지니라"(7절). 첫 번째 계명 자체가 세상의 법과는 다릅니다. 하나님만을 온전히 사랑해야 합니다. 이스라엘의 출애굽 전에 열 가지 재앙이 애굽에 쏟아졌습니다. 열 가지 재앙은 우연히 일어난 것이 아니라 하나님께서 애굽 사람들이 믿고 있었던 신들을 벌하신 것이었습니다. 애굽 사람들은 피, 개구리, 이, 파리, 악질, 독종, 우박, 메뚜기, 흑암 같은 미신들을 믿고 있었습니다. 하나님은 이 열 가지 재앙을 통해서 그것들은 신이 아니라 인간이 만들어 낸 우상에 지나지 않음을 보여 주셨습니다. 하나님만이 유일하신 하나님입니다. 절대로 자기를 위해 우상을 만들고 그것을 섬기면 안 됩니다. 인생을 가장 비참하게 사는 것이 우상을 만들고 섬기는 것입니다. 하나님의 이름을 사랑하여 하나님의 이름을 망령되게 부르지 않아야 합니다. 안식일을 지켜 구별되게 보내야 합니다. 결국 1계명부터 4계명까지는 인생의 수직을 세우는 율법입니다. 모든 일에는 순서가 있습니다. 인생에서 가장 중요한 것은 하나님과 올바른 관계를 맺어 인생의 수직을 바로 세우는 것입니다.

 이웃을 사랑하라

하나님 나라의 백성이 지켜야 할 두 번째 계명은 '이웃 사랑'입니다. 가장 먼저 사랑해야 할 대상은 부모님입니다. "너는 네 하나님 여호와께서 명령한 대로 네 부모를 공경하라 그리하면 네 하나님 여호와가 네게 준 땅에서 네 생명이 길고 복을 누리리라"(16절). 기독교는 어느 종교보다 '이웃 사랑'을 강조합니다. 하나님을 사랑한다고 하면서 이웃을 사랑하지 않는 것은 위선입니다. 하나님 사랑은 반드시 이웃 사랑으로 드러납니다. 살인하지 말고, 간음하지 말고, 도둑질하지 말고, 이웃에 대해서 거짓 증거하지 말고, 이웃의 아내를 탐하지 말아야 합니다. 즉 자신을 사랑하듯 이웃을 사랑해야 합니다. 하나님은 하나님의 백성을 통해서 이 땅이 아름답고 선하게 변화되길 기대하십니다. 하나님 나라의 백성은 이웃을 사랑하기 위해 이 땅의 빛과 소금이 되어야 합니

다. 자신을 태워 이 땅의 어두운 곳을 밝히고, 자신을 녹여 이 땅의 부패를 막고 살맛 나는 세상을 만들어야 합니다.

율법의 완성이 되시는 예수님께서 율법을 두 가지로 정리하셨습니다. "예수께서 이르시되 네 마음을 다하고 목숨을 다하고 뜻을 다하여 주 너의 하나님을 사랑하라 하셨으니 이것이 크고 첫째 되는 계명이요 둘째도 그와 같으니 네 이웃을 네 자신 같이 사랑하라 하셨으니 이 두 계명이 온 율법과 선지자의 강령이니라"(마 22:37-40). 하나님 나라의 백성답게 하나님의 법을 준수하는 가정이 되길 축복합니다.

♀ 나눔

1. 하나님을 향한 사랑을 방해하는 것이 있다면 그것이 우상입니다. 내 안에 깨뜨려야 할 우상은 없는지 가족과 나눠 보세요.
2. 내 이웃을 더욱 사랑하기 위한 실천 방안을 가족과 나눠 보세요.

♀ 기도

세상에 갇혀 살았던 저희 가정을 구원하시고 하나님 나라의 백성으로 삼아 주신 하나님, 감사드립니다. 하나님 나라의 백성으로서 하나님의 법을 신실하게 지키는 가정이 되길 원합니다. 우리 가정의 수직과 수평이 하나님의 법으로 세워지게 하옵소서. 사랑하는 예수님의 이름으로 기도합니다. 아멘.

♀ 우리 가족 이번 주 미션

하나님의 교육 원리

신명기 6장 1-9절

찬송가 315장 내 주 되신 주를 참 사랑하고

신명기 6장 1-9절

1 이는 곧 너희의 하나님 여호와께서 너희에게 가르치라고 명하신 명령과 규례와
   법도라 너희가 건너가서 차지할 땅에서 행할 것이니

2 곧 너와 네 아들과 네 손자들이 평생에 네 하나님 여호와를 경외하며 내가 너희에
   게 명한 그 모든 규례와 명령을 지키게 하기 위한 것이며 또 네 날을 장구하게 하
   기 위한 것이라

3 이스라엘아 듣고 삼가 그것을 행하라 그리하면 네가 복을 받고 네 조상들의 하나님
   여호와께서 네게 허락하심 같이 젖과 꿀이 흐르는 땅에서 네가 크게 번성하리라

4 이스라엘아 들으라 우리 하나님 여호와는 오직 유일한 여호와이시니

5 너는 마음을 다하고 뜻을 다하고 힘을 다하여 네 하나님 여호와를 사랑하라

6 오늘 내가 네게 명하는 이 말씀을 너는 마음에 새기고

7 네 자녀에게 부지런히 가르치며 집에 앉았을 때에든지 길을 갈 때에든지 누워 있
   을 때에든지 일어날 때에든지 이 말씀을 강론할 것이며

8 너는 또 그것을 네 손목에 매어 기호를 삼으며 네 미간에 붙여 표로 삼고
9 또 네 집 문설주와 바깥 문에 기록할지니라

신명기는 이스라엘 백성이 가나안 땅에 들어가기 직전에 한 모세의 설교를 기록하고 있습니다. 모세에게 허락된 장소는 광야까지였습니다. 모세는 이제 마지막 설교를 하면서 가나안 땅에 들어가서 반드시 해야 할 하나님의 자녀 교육 원리를 전하고 있습니다. 흔히 '쉐마' 말씀으로 알려진 본문 말씀은 모세의 유언과 같은 말씀이면서 하나님의 변하지 않는 교육 원리를 담고 있습니다.

📍 대대로 행할 명령과 규례와 법도입니다

시대가 변하면 교육 방법도 변합니다. 포스트 코로나(Post COVID) 시대에는 온라인 강의와 에듀테크(Edu-Tech)를 활용하는 교육이 급속도로 확장되고 있습니다. 이와 같은 교육 방법의 변화는 교사와 학생 간의 소통방식의 변화라고 할 수 있습니다. 소통방식은 시대에 따라 변해야 하지만 교육의 원리는 변해서는 안 됩니다. 쉐마 교육은 "명령과 규례와 법도"(1절)로 주어졌습니다. 이 명령은 "너와 네 아들과 네 손자들이 평생에"(2절) 걸쳐서 해야 합니다. 시대가 변하고 세대가 변해도 하나님의 방법대로 다음세대를 교육해야 합니다. 많은 부모들이 자녀 교육에 불안감을 가지고 있습니다. 하지만 하나님은 분명하게 약속하셨습니다. "이스라엘아 듣고 삼가 그것을 행하라 그리하면 네가 복을 받

고 네 조상들의 하나님 여호와께서 네게 허락하심 같이 젖과 꿀이 흐르는 땅에서 네가 크게 번성하리라"(3절). 젖과 꿀이 흐른다는 말은 끊이지 않는 풍성함을 의미합니다. 한 번 잘되고 마는 것이 아니라 그 땅 자체가 복된 땅이 된다는 것입니다. 미래를 책임지시는 하나님께서 자녀 세대를 향한 미래를 보장하셨습니다. 부모로서 할 일은 대대로 믿음의 세대 계승을 이루는 것입니다.

📍 하나님을 전인격으로 사랑해야 합니다

기독교 교육의 목표는 하나님 사랑입니다. "너는 마음을 다하고 뜻을 다하고 힘을 다하여 네 하나님 여호와를 사랑하라"(5절). 하나님은 한 분이기에 사랑의 대상이 갈릴 일이 없습니다. 오직 하나님만 사랑하면 되는 것입니다. 하나님은 430년간 애굽에서 종살이하던 이스라엘을 구원하셨습니다. 광야 40년간 생활하면서 낮에는 구름기둥으로, 밤에는 불기둥으로 보호하시고, 농사도 짓지 않았는데 매일 만나와 메추라기로 음식을 제공해 주셨습니다. 생존 자체가 불가능한 광야에서 이스라엘을 40년간 보호하신 하나님을 전심으로 사랑하는 것은 당연한 것입니다. 이 말씀을 마음에 새겨야 합니다(6절). 부모는 가정에서 자녀들에게 하나님의 말씀을 가르쳐야 합니다(7절). 손목과 미간에 말씀의 흔적이 있어야 합니다(8절). 집과 마을 곳곳에 말씀이 가득해야 합니다(9절). 하나님 사랑이라는 교육의 목표를 이루기 위해서 개인과 가정과 마을 공동체가 하나 되어야 합니다. 우리 인생에 대한 궁극적인 평가

기준은 하나님 사랑입니다. 인생의 마지막에 하나님을 향한 사랑의 유무에 따라 천국과 지옥이 갈립니다. 그러므로 부모는 자녀가 하나님을 온전히 사랑하도록 교육해야 합니다. 교회와 가정이 하나 되어 다음세대를 믿음의 세대로 양육해야 합니다.

자녀 교육이 쉬웠던 적은 없습니다. 언제나 부모는 자녀 교육으로 인한 어려움을 겪었습니다. 하지만 명확한 교육 목표가 있다면 불안해할 필요가 없습니다. 하나님을 전인격으로 사랑하는 부모가 하나님 사랑을 자녀에게 가르친다면 하나님께서 그 아이를 책임져 주실 것입니다.

📍 나눔

1. 우리 가정에서 대대로 가르치며 행할 규칙을 가족과 함께 정해 보세요.
2. 가정에서 하나님을 전인격으로 사랑하기 위한 방법을 나눠 보세요.

📍 기도

하나님, 우리 가정이 믿음의 명문 가정이 되길 원합니다. 세상의 기준으로 볼 때에는 부족할지라도 하나님 나라의 기준으로 볼 때에는 인정받는 가정이 되길 원합니다. 우리 가정은 대대로 오직 하나님만 사랑하겠습니다. 귀하신 예수님의 이름으로 기도합니다. 아멘.

📍 우리 가족 이번 주 미션

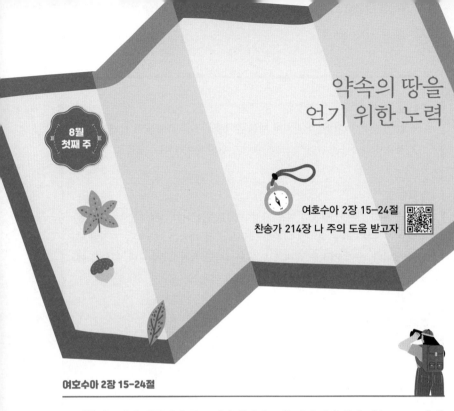

여호수아 2장 15-24절

15 라합이 그들을 창문에서 줄로 달아 내리니 그의 집이 성벽 위에 있으므로 그가 성벽 위에 거주하였음이라

16 라합이 그들에게 이르되 두렵건대 뒤쫓는 사람들이 너희와 마주칠까 하노니 너희는 산으로 가서 거기서 사흘 동안 숨어 있다가 뒤쫓는 자들이 돌아간 후에 너희의 길을 갈지니라

17 그 사람들이 그에게 이르되 네가 우리에게 서약하게 한 이 맹세에 대하여 우리가 허물이 없게 하리니

18 우리가 이 땅에 들어올 때에 우리를 달아 내린 창문에 이 붉은 줄을 매고 네 부모와 형제와 네 아버지의 가족을 다 네 집에 모으라

19 누구든지 네 집 문을 나가서 거리로 가면 그의 피가 그의 머리로 돌아갈 것이요 우리는 허물이 없으리라 그러나 누구든지 너와 함께 집에 있는 자에게 손을 대면 그의 피는 우리의 머리로 돌아오려니와

20 네가 우리의 이 일을 누설하면 네가 우리에게 서약하게 한 맹세에 대하여 우리에게 허물이 없으리라 하니

21 라합이 이르되 너희의 말대로 할 것이라 하고 그들을 보내어 가게 하고 붉은 줄을 창문에 매니라

22 그들이 가서 산에 이르러 뒤쫓는 자들이 돌아가기까지 사흘을 거기 머물매 뒤쫓는 자들이 그들을 길에서 두루 찾다가 찾지 못하니라

23 그 두 사람이 돌이켜 산에서 내려와 강을 건너 눈의 아들 여호수아에게 나아가서 그들이 겪은 모든 일을 고하고

24 또 여호수아에게 이르되 진실로 여호와께서 그 온 땅을 우리 손에 주셨으므로 그 땅의 모든 주민이 우리 앞에서 간담이 녹더이다 하더라

여호수아는 약속의 땅을 목전에 두고 두 사람의 정탐꾼을 여리고성으로 보냅니다. 하지만 그들은 이내 발각되어 라합의 집에 몸을 숨깁니다. 라합은 당시 천한 취급을 당하던 기생이었습니다. 하지만 재치를 발휘하여 정탐꾼을 안전하게 숨기고 여리고 군사를 따돌립니다. 약속의 땅으로 들어가는 데 있어서 여호수아와 라합의 역할은 컸습니다. 약속의 땅을 얻기 위한 두 사람의 노력을 살펴보도록 하겠습니다.

📍 믿음으로 최선을 다한 여호수아

여호수아는 과거 정탐꾼의 이력을 가지고 있었습니다. 민수기 13장에서 모세는 각 지파에서 한 명씩 선발해서 가나안 땅에 정탐꾼을 보냈습니다. 이때 에브라임 지파의 대표로 여호수아가 정탐꾼이 되어 가나안 땅을 보고 왔습니다. 40일간 철저하게 가나안 땅을 살펴본 후에

열 명의 정탐꾼은 그 땅에 대한 악평을 했고, 오직 여호수아와 갈렙만이 호평을 했습니다. 오랜 세월이 흘러 악평을 했던 열 명과 함께 20세 이상의 성인은 다 광야에서 죽임을 당했습니다. 여호수아는 이제 단 두 명의 정탐꾼을 여리고성으로 보내어 정탐하게 합니다. 하나님은 이미 여호수아에게 그 땅에 대한 약속을 주셨습니다. "내 종 모세가 죽었으니 이제 너는 이 모든 백성과 더불어 일어나 이 요단을 건너 내가 그들 곧 이스라엘 자손에게 주는 그 땅으로 가라 내가 모세에게 말한 바와 같이 너희 발바닥으로 밟는 곳은 모두 내가 너희에게 주었노니 곧 광야와 이 레바논에서부터 큰 강 곧 유브라데 강까지 헷 족속의 온 땅과 또 해 지는 쪽 대해까지 너희의 영토가 되리라"(수 1:2-4). 그런데도 여호수아는 정탐꾼을 보냅니다. 여호수아가 정탐꾼을 보낸 것은 과거와 같이 그 땅에 들어갈지 말지를 결정하기 위한 것이 아니었습니다. 이미 그 땅은 확보되었는데 어떻게 하면 가장 효과적으로 차지할 수 있을지를 결정하기 위한 것이었습니다. 어떤 방식으로 승리를 취할지를 결정하기 위한 것이었습니다. 여호수아는 하나님에 대한 믿음 위에 자신의 최선을 다하는 사람이었습니다.

하나님을 경외한 라합

라합은 여리고성에서 알 만한 사람은 다 알고 있는 기생이었습니다. 세상에서 천한 대접을 받던 여인이었습니다. 하지만 하나님에 대한 소식을 듣고 하나님에 대한 경외감이 생긴 여인이었습니다. "우리가 들자 곧 마음이 녹았고 너희로 말미암아 사람이 정신을 잃었나니 너희의 하나님 여호와는 위로는 하늘에서도 아래로는 땅에서도 하나님이시니라"(수 2:11). 라합은 하나님에 대한 위대한 믿음의 고백을 합니다. 그러자 정탐꾼이 떠나면서 라합에게 말합니다. "우리가 이 땅에 들어올 때에 우리를 달아 내린 창문에 이 붉은 줄을 매고 네 부모와 형제와 네 아버지의 가족을 다 네 집에 모으라"(18절). 라합은 정탐꾼의 말대로 가족을 모으고 붉은 줄을 창문에 맵니다(21절). 라합은 하나님을 경외하는 사람으로서 정탐꾼의 말을 진실로 믿었던 것입니다. 그 믿음으로 가족을 모으고 창문에 붉은 줄을 맵니다. 결국 하나님을 경외하는 라합은 자신의 가족을 구원하게 됩니다. 여리고성 주민으로서 그 땅에서 여전히 살아가는 은혜를 입게 된 것입니다.

과거에 정탐꾼이었던 여호수아가 살아 돌아온 두 정탐꾼의 보고를 받습니다. "또 여호수아에게 이르되 진실로 여호와께서 그 온 땅을 우리 손에 주셨으므로 그 땅의 모든 주민이 우리 앞에서 간담이 녹더이다"(24절). 이 보고를 들은 여호수아는 얼마나 감격했을까요? 약속의 땅은 하나님을 향한 믿음과 경외로 얻게 됩니다.

♀ 나눔

1. 하나님의 약속을 믿고 최선을 다하여 좋은 결과를 얻은 경험이 있다면 가족과 나눠 보세요.
2. 라합의 믿음으로 그녀의 가족은 구원을 얻었습니다. 우리 가족이나 친척 가운데 아직 하나님을 알지 못하는 사람이 있다면 그 사람의 구원을 위해 기도하고, 전도 계획을 세워 보세요.

♀ 기도

하나님, 우리 가정이 약속의 땅에 들어가기 원합니다. 여호수아와 같이 믿음으로 매일의 삶에 최선을 다하게 하시고, 라합과 같이 하나님을 경외하게 하옵소서. 우리 가정에 세상과 구별되는 붉은 줄이 항상 걸려 있게 하옵소서. 우리를 구원하신 예수님의 이름으로 기도합니다. 아멘.

♀ 우리 가족 이번 주 미션

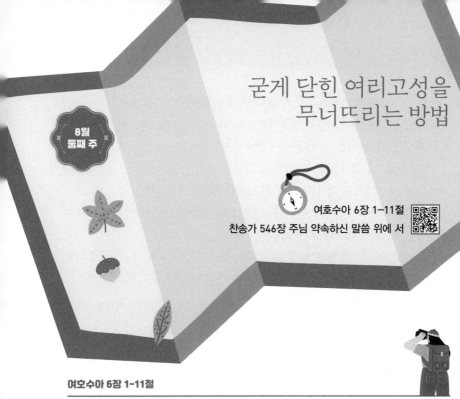

굳게 닫힌 여리고성을
무너뜨리는 방법

여호수아 6장 1–11절
찬송가 546장 주님 약속하신 말씀 위에 서

여호수아 6장 1–11절

1 이스라엘 자손들로 말미암아 여리고는 굳게 닫혔고 출입하는 자가 없더라

2 여호와께서 여호수아에게 이르시되 보라 내가 여리고와 그 왕과 용사들을 네 손에 넘겨 주었으니

3 너희 모든 군사는 그 성을 둘러 성 주위를 매일 한 번씩 돌되 엿새 동안을 그리하라

4 제사장 일곱은 일곱 양각 나팔을 잡고 언약궤 앞에서 나아갈 것이요 일곱째 날에는 그 성을 일곱 번 돌며 그 제사장들은 나팔을 불 것이며

5 제사장들이 양각 나팔을 길게 불어 그 나팔 소리가 너희에게 들릴 때에는 백성은 다 큰 소리로 외쳐 부를 것이라 그리하면 그 성벽이 무너져 내리리니 백성은 각기 앞으로 올라갈지니라 하시매

6 눈의 아들 여호수아가 제사장들을 불러 그들에게 이르되 너희는 언약궤를 메고 제사장 일곱은 양각 나팔 일곱을 잡고 여호와의 궤 앞에서 나아가라 하고

7 또 백성에게 이르되 나아가서 그 성을 돌되 무장한 자들이 여호와의 궤 앞에서 나

아갈지니라 하니라

8 여호수아가 백성에게 이르기를 마치매 제사장 일곱은 양각 나팔 일곱을 잡고 여호와 앞에서 나아가며 나팔을 불고 여호와의 언약궤는 그 뒤를 따르며

9 그 무장한 자들은 나팔 부는 제사장들 앞에서 행진하며 후군은 궤 뒤를 따르고 제사장들은 나팔을 불며 행진하더라

10 여호수아가 백성에게 명령하여 이르되 너희는 외치지 말며 너희 음성을 들리게 하지 말며 너희 입에서 아무 말도 내지 말라 그리하다가 내가 너희에게 명령하여 외치라 하는 날에 외칠지니라 하고

11 여호와의 궤가 그 성을 한 번 돌게 하고 그들이 진영으로 들어와서 진영에서 자니라

이스라엘은 전쟁을 하기 위해 여리고성 앞으로 왔는데 여리고성은 굳게 닫혀서 출입하는 사람도 없습니다. 그 이유는 "이스라엘 자손들로 말미암아"(1절) 굳게 닫혔기 때문입니다. 당시 여리고는 군사, 행정, 경제적으로 부강한 나라였으며 특히 여리고성은 난공불락의 성으로 유명했습니다. 강력한 힘을 지닌 여리고지만 이스라엘이 하나님의 능력으로 요단강을 건넌 소식을 듣고 두려움에 떨었습니다. 사실 이스라엘 편에서도 전쟁에 능한 여리고와 싸워서 이긴다는 보장도 없는데 더구나 여리고성이 굳게 닫힌 상황에서는 달리 할 수 있는 게 없는 상황입니다. 그렇다면 어떻게 여리고성을 무너뜨릴 수 있습니까?

이해되지 않더라도 하나님의 방법을 따릅니다

하나님은 여호수아에게 여리고성을 무너뜨릴 전략을 알려 주시며 하루에 한 번 6일 동안 여리고성을 돌라고 하십니다. 성을 돌아야 한다

면 하루에 여섯 번을 돌아도 될 것 같은데, 하루에 한 번만 돌고 일곱 번째 날에는 일곱 번을 돌라고 하십니다. 일곱 번째 날에 성을 일곱 번 돌고, 제사장들이 양각 나팔을 길게 불고, 백성들이 큰 소리로 외치면 성이 무너질 것이라고 합니다. 전체적으로 이해가 되지 않습니다. 하지만 하나님의 말씀이면 순종하는 것입니다. 하나님의 계획을 이해하지 못해도 하나님을 신뢰한다면 순종할 수 있습니다.

이해되지 않더라도 불평하지 않습니다

이해되지 않는 상황에서 기분 좋게 순종할 사람은 없습니다. 하나님께서 사람에게 이성이라는 좋은 선물을 주셨기 때문에 사람은 이해가 되지 않으면 반대 의견이 생기고 불만이 나오기 마련입니다. 하나님은 이해가 되지 않는 명령을 하신 후에 아무 말도 하지 말라고 하십니다(10절). 이해되지 않는 상황에 대한 불만을 허락하지 않으시는 것입니다. 첫째 날, 이스라엘은 하나님의 명령대로 행했습니다(11절). 이스라엘이 여리고성을 한 바퀴 돌면서 얼마나 많은 생각이 있었겠습니까? 성을 돌 때 오직 여호와의 나팔 소리만 가득했습니다. 하나님이 만들어 가시는 일에 하나님의 소리만 가득하게 하신 것입니다. 그렇습니다. 하나님의 사역에는 인간의 소리를 차단하고 하나님의 소리만 가득하게 해야 합니다. 굳게 닫힌 여리고성을 인간의 방법으로는 무너뜨릴 수 없습니다. 하나님의 방법과 하나님의 소리로만 굳게 닫힌 여리고성이 열리게 됩니다.

📍 나눔

1. 이해되지 않는 하나님의 뜻에 순종한 경험이 있다면 가족과 나눠 보세요.
2. 내 인생 가운데 굳게 닫힌 여리고성이 있다면, 그것이 무엇인지 가족과 나눠 보세요.

📍 기도

하나님의 방법으로 여리고성이 무너질 것을 믿습니다. 살아가면서 어떤 닫힌 문을 만나든지 하나님의 방법으로 뚫고 통과하게 하옵소서. 우리 가정에 인간적인 소리보다 하나님의 소리가 가득하게 하옵소서. 길 되시는 예수님의 이름으로 기도합니다. 아멘.

📍 우리 가족 이번 주 미션

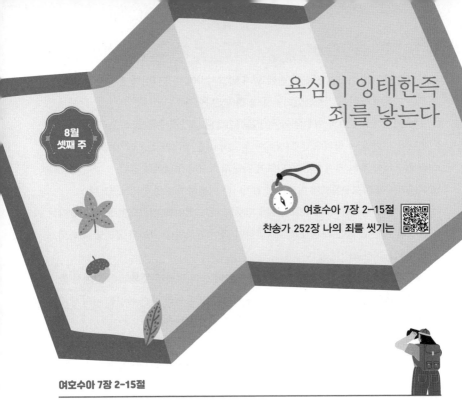

욕심이 잉태한즉 죄를 낳는다

여호수아 7장 2-15절
찬송가 252장 나의 죄를 씻기는

여호수아 7장 2-15절

2 여호수아가 여리고에서 사람을 벧엘 동쪽 벧아웬 곁에 있는 아이로 보내며 그들에게 말하여 이르되 올라가서 그 땅을 정탐하라 하매 그 사람들이 올라가서 아이를 정탐하고

3 여호수아에게로 돌아와 그에게 이르되 백성을 다 올라가게 하지 말고 이삼천 명만 올라가서 아이를 치게 하소서 그들은 소수이니 모든 백성을 그리로 보내어 수고롭게 하지 마소서 하므로

4 백성 중 삼천 명쯤 그리로 올라갔다가 아이 사람 앞에서 도망하니

5 아이 사람이 그들을 삼십육 명쯤 쳐죽이고 성문 앞에서부터 스바림까지 쫓아가 내려가는 비탈에서 쳤으므로 백성의 마음이 녹아 물 같이 된지라

6 여호수아가 옷을 찢고 이스라엘 장로들과 함께 여호와의 궤 앞에서 땅에 엎드려 머리에 티끌을 뒤집어쓰고 저물도록 있다가

7 이르되 슬프도소이다 주 여호와여 어찌하여 이 백성을 인도하여 요단을 건너게

하시고 우리를 아모리 사람의 손에 넘겨 멸망시키려 하셨나이까 우리가 요단 저
쪽을 만족하게 여겨 거주하였더면 좋을 뻔하였나이다

8 주여 이스라엘이 그의 원수들 앞에서 돌아섰으니 내가 무슨 말을 하오리이까

9 가나안 사람과 이 땅의 모든 사람들이 듣고 우리를 둘러싸고 우리 이름을 세상에
서 끊으리니 주의 크신 이름을 위하여 어떻게 하시려 하나이까 하니

10 여호와께서 여호수아에게 이르시되 일어나라 어찌하여 이렇게 엎드렸느냐

11 이스라엘이 범죄하여 내가 그들에게 명령한 나의 언약을 어겼으며 또한 그들이
온전히 바친 물건을 가져가고 도둑질하며 속이고 그것을 그들의 물건들 가운데
에 두었느니라

12 그러므로 이스라엘 자손들이 그들의 원수 앞에 능히 맞서지 못하고 그 앞에서 돌
아섰나니 이는 그들도 온전히 바친 것이 됨이라 그 온전히 바친 물건을 너희 중에
서 멸하지 아니하면 내가 다시는 너희와 함께 있지 아니하리라

13 너는 일어나서 백성을 거룩하게 하여 이르기를 너희는 내일을 위하여 스스로 거
룩하게 하라 이스라엘의 하나님 여호와의 말씀에 이스라엘아 너희 가운데에 온
전히 바친 물건이 있나니 너희가 그 온전히 바친 물건을 너희 가운데에서 제하기
까지는 네 원수들 앞에 능히 맞서지 못하리라

14 너희는 아침에 너희의 지파대로 가까이 나아오라 여호와께 뽑히는 그 지파는 그
족속대로 가까이 나아올 것이요 여호와께 뽑히는 족속은 그 가족대로 가까이 나
아올 것이요 여호와께 뽑히는 그 가족은 그 남자들이 가까이 나아올 것이며

15 온전히 바친 물건을 가진 자로 뽑힌 자를 불사르되 그와 그의 모든 소유를 그리하
라 이는 여호와의 언약을 어기고 이스라엘 가운데에서 망령된 일을 행하였음이
라 하셨다 하라

밥 리이치라는 스턴트맨이 있었습니다. 그는 1911년 7월 25일 나이
아가라 폭포 위에 외줄을 매어 놓고 그 위를 걸었던 사람입니다. 그의
대단한 용기와 지혜, 담력과 체력, 균형감각과 운동신경에 온 세계 사

람들이 찬사를 보냈습니다. 그런데 더 놀랄 만한 일이 생겼습니다. 그가 뉴질랜드에 갔다가 귤껍질을 밟고 넘어져 골절을 당했고, 그 후유증으로 죽은 것입니다. 이럴 때 우리는 "재주 많은 원숭이가 나무에서 떨어진다"고 말합니다. 영적 전쟁에서 겸손은 필수 덕목입니다. 과거의 성공이 미래의 성공을 보장하지 않습니다. 이스라엘은 여리고성 전쟁에서 큰 승리를 경험했습니다. 이제 아이성 전투를 앞에 두고 있습니다. 아이성 전투를 통해서 어떤 영적 교훈을 얻을 수 있을까요?

📍🗺️ 교만하지 말고 끝까지 하나님을 의지해야 합니다

이스라엘은 난공불락의 여리고성을 무혈입성했습니다. 이스라엘이 한 일이라고는 하나님의 명령을 따라 성 주위를 돈 것밖에 없습니다. 너무 쉽게 여리고성을 이겼고 큰 기쁨이 가득했습니다. 그 여세를 몰아 아이성으로 진군합니다. 그런데 아이성은 여리고성과는 비교도 안 될 만큼 작은 성이었습니다. 여호수아는 정탐꾼을 보내어 아이성을 살피도록 합니다. 정탐꾼이 돌아와 다음과 같이 보고합니다. "여호수아에게로 돌아와 그에게 이르되 백성을 다 올라가게 하지 말고 이삼천 명만 올라가서 아이를 치게 하소서 그들은 소수이니 모든 백성을 그리로 보내어 수고롭게 하지 마소서 하므로"(3절). 여리고성 전투 이후에 이스라엘은 교만해졌습니다. 사실 여리고성 전쟁에서 이스라엘은 전적인 하나님의 은혜로 승리한 것입니다. 그런데 마치 자신들의 힘으로 여리고성을 무너뜨린 것처럼 착각하고 있습니다. "수고롭게 하지 마소서"라는 정탐꾼의 보고가 이를 증명하고 있습니다. 하나님께 묻지 않고 전쟁에 나간 이스라엘은 자신들의 형편없는 실력을 확인하고 돌아옵니다. "교만은 패망의 선봉"(잠 16:18)입니다.

📍🗺️ 스스로 거룩해야 합니다

자신들의 힘으로 아이성과 전쟁을 벌여 이스라엘은 패배했고 이스라엘의 마음은 물처럼 녹아 버렸습니다. 여호수아는 참혹한 마음에 옷을 찢고 여호와의 궤 앞에 엎드려 머리에 티끌을 뒤집어쓰고 통곡합니다. 그러자 하나님은 여호수아에게 말씀하십니다. "이스라엘이 범죄하여 내가 그들에게 명령한 나의 언약을 어겼으며 또한 그들이 온전히 바친 물건을 가져가고 도둑질하며 속이고 그것을 그들의 물건들 가운데에 두었느니라"(수 7:11). 문제는 이스라엘 내부에 있었습니다. 어떤 조직이든 내부에 문제가 생기면 반드시 무너지게 되어 있습니다. 하물며 하나님을 섬기는 이스라엘 안에 거룩함이 무너졌는데 어떻게 승리할 수 있겠습니까? 하나님은 "너희는… 스스로 거룩하게 하라"(13절)고 말씀하십니다. 스스로 욕심을 품는 것이 아니라 거룩해야 합니다. 욕심이 잉태하면 죄를 낳게 되어 있습니다.

과거의 성공에 도취되어 교만하면 안 됩니다. 욕심을 품어 하나님의 사람으로서 거룩함이 훼손되면 안 됩니다. 처음처럼, 마지막까지 하나님만 섬기는 가정이 되길 축복합니다.

🜉 나눔

1. 작은 성공에 도취해 큰일을 그르친 경험이 있다면 가족과 나눠 보세요.
2. 우리 가정이 스스로 거룩해지기 위해서 어떤 노력을 해야 할까요?

🜉 기도

하나님, 우리 가정이 모든 결정의 순간마다 하나님의 지혜를 얻기 원합니다. 하나님의 은혜로 얻은 것에 대해서 스스로 영광을 취하지 않게 하옵소서. 스스로 거룩하게 되어 하나님께 쓰임받는 가정이 되길 원합니다. 거룩하신 예수님의 이름으로 기도합니다. 아멘.

🜉 우리 가족 이번 주 미션

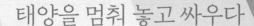

태양을 멈춰 놓고 싸우다

여호수아 10장 6-15절
찬송가 383장 눈을 들어 산을 보니

여호수아 10장 6-15절

6 기브온 사람들이 길갈 진영에 사람을 보내어 여호수아에게 전하되 당신의 종들 돕기를 더디게 하지 마시고 속히 우리에게 올라와 우리를 구하소서 산지에 거주 하는 아모리 사람의 왕들이 다 모여 우리를 치나이다 하매

7 여호수아가 모든 군사와 용사와 더불어 길갈에서 올라가니라

8 그 때에 여호와께서 여호수아에게 이르시되 그들을 두려워하지 말라 내가 그들을 네 손에 넘겨 주었으니 그들 중에서 한 사람도 너를 당할 자 없으리라 하신지라

9 여호수아가 길갈에서 밤새도록 올라가 갑자기 그들에게 이르니

10 여호와께서 그들을 이스라엘 앞에서 패하게 하시므로 여호수아가 그들을 기브온 에서 크게 살륙하고 벧호론에 올라가는 비탈에서 추격하여 아세가와 막게다까지 이르니라

11 그들이 이스라엘 앞에서 도망하여 벧호론의 비탈에서 내려갈 때에 여호와께서 하늘에서 큰 우박 덩이를 아세가에 이르기까지 내리시매 그들이 죽었으니 이스

라엘 자손의 칼에 죽은 자보다 우박에 죽은 자가 더 많았더라

12 여호와께서 아모리 사람을 이스라엘 자손에게 넘겨 주시던 날에 여호수아가 여호와께 아뢰어 이스라엘의 목전에서 이르되 태양아 너는 기브온 위에 머무르라 달아 너도 아얄론 골짜기에서 그리할지어다 하매

13 태양이 머물고 달이 멈추기를 백성이 그 대적에게 원수를 갚기까지 하였느니라 야살의 책에 태양이 중천에 머물러서 거의 종일토록 속히 내려가지 아니하였다고 기록되지 아니하였느냐

14 여호와께서 사람의 목소리를 들으신 이같은 날은 전에도 없었고 후에도 없었나니 이는 여호와께서 이스라엘을 위하여 싸우셨음이니라

15 여호수아가 온 이스라엘과 더불어 길갈 진영으로 돌아왔더라

이스라엘과 아모리 족속의 왕들이 전쟁하던 중에 역사상 전대미문의 일이 벌어졌습니다. 하늘에서 우박이 내려 아모리 족속 가운데 칼로 죽은 자보다 우박에 맞아 죽은 자가 더 많았습니다. 그뿐만 아니라 여호수아가 태양이 멈출 것을 명하자 전쟁이 끝나기까지 태양이 멈추는 일이 벌어졌습니다. "여호와께서 아모리 사람을 이스라엘 자손에게 넘겨 주시던 날에 여호수아가 여호와께 아뢰어 이스라엘의 목전에서 이르되 태양아 너는 기브온 위에 머무르라 달아 너도 아얄론 골짜기에서 그리할지어다 하매"(12절). 어떻게 이런 일들이 일어났습니까? 왜 여호수아의 삶에서 이런 일들이 반복적으로 일어나는 것일까요?

길갈의 영성을 지녀라

가나안 다섯 부족의 연합이 기브온을 공격하기 위해 성난 벌떼처럼

달려들었습니다. 상황은 빠르게 진행됐고 빨리 무엇인가를 하지 않으면 패할 수밖에 없는 상황입니다. 이때 여호수아는 길갈에 있었습니다. 길갈은 어떤 곳입니까? 하나님의 은혜로 범람하는 요단강을 건널 때 하나님에 대한 감사를 표현하기 위해 열두 돌을 취하여 기념비를 세운 곳입니다. 또한 길갈은 이스라엘 민족의 정체성을 확립한 곳입니다. 이스라엘은 길갈에서 할례를 행했습니다. 할례를 행했던 순간은 전쟁 중이었고 앞에 있는 적들과 대치하고 있는 상황이었습니다.

하지만 이스라엘은 할례를 행함으로 자신들이 어떤 민족인가를 명확히 했습니다. 여호수아가 이곳에 있었다는 것은 여호수아의 삶이 길갈 중심으로 조율되고 있었다는 것을 의미합니다. 여호수아는 전쟁 소식을 듣고 급하게 움직이는 것이 아니라, 하나님의 출동 명령을 듣고 움직입니다. "그 때에 여호와께서 여호수아에게 이르시되 그들을 두려워하지 말라 내가 그들을 네 손에 넘겨 주었으니 그들 중에서 한 사람도 너를 당할 자 없으리라 하신지라"(8절). 여호수아는 전쟁이 마무리된 후에도 길갈로 돌아왔습니다. "여호수아가 온 이스라엘과 더불어 길갈 진영으로 돌아왔더라"(15절). 여호수아의 삶은 길갈 중심이었습니다.

믿음으로 최선을 다하라

여호수아의 행동에는 확신과 담대함이 있습니다. 전쟁을 치를 때 머뭇거리지 않습니다. 언제나 확신에 차 있습니다. 그의 확신의 원동력은 하나님께 있습니다. 하나님이 승리를 보장해 주셨기 때문에 이길 수밖에 없다는 확신에 가득 찬 것입니다. 여호수아는 그 확신을 갖고 자신에게 주어진 일에 최선을 다합니다. 승리를 주시는 하나님에 대한 믿음과 함께, 자신이 할 수 있는 한 전심전력을 다하는 리더였습니다. "여호수아가 길갈에서 밤새도록 올라가 갑자기 그들에게 이르니"(9절). 길갈에서 기브온까지는 30-40킬로미터 떨어진 해발 1,800킬로미터 고지였습니다. 이런 고지를 새벽에 밤새도록 달려간 것입니다. 얼마나 빨리 갔는지 가나안 다섯 부족이 기브온 부족과 마주치기도 전에 여호수아의 군대를 먼저 만났습니다. 차돌처럼 단단했던 가나안 다섯 개 부족 연합에 균열이 갔고 싸움 한 번 제대로 해 보지도 못하고 도망가기에 바빴습니다. 여호수아는 도망치는 무리를 따라가 죽이는 것도 모자라 하나님께 태양과 달의 움직임을 멈추어 달라고 기도하고 전쟁을 치릅니다. 그는 온 힘을 다하는 리더였습니다.

여호수아의 삶에 놀라운 간증거리가 많은 것은 우연이 아니었습니다. 여호수아는 길갈의 영성이 있는 사람이었습니다. 또한 여호수아는 믿음의 확신을 가지고 맡은 일에 최선을 다했습니다. 말씀에 의해 삶이 조율되고 믿음으로 주어진 일에 최선을 다하는 가정이 되길 축복합니다.

📍 나눔

1. 우리 가정의 길갈이 가정예배가 되기 위해서 서로 어떤 노력을 해야 할 까요?
2. 지금 나는 주어진 삶에 최선을 다하고 있나요? 이 부분에 대해서 가족과 이 야기해 보세요.

📍 기도

하나님, 우리 가정이 말씀으로 조율되는 가정이 되길 원합니다. 세상의 속도 에 따라가기보다 하나님의 속도에 보폭을 맞추는 가정이 되게 하옵소서. 또한 하나님께서 맡기신 일에 대해 누구보다 최선을 다하는 가정이 되게 하옵소서. 우리 가정의 주인 되시는 예수님의 이름으로 기도합니다. 아멘.

📍 우리 가족 이번 주 미션

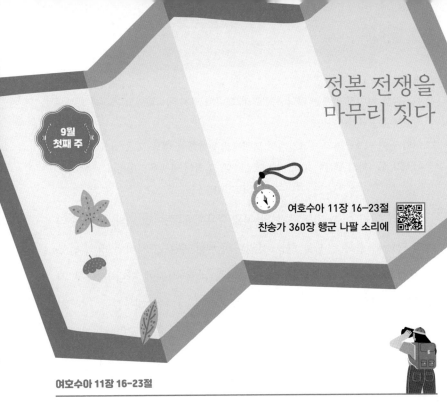

정복 전쟁을
마무리 짓다

여호수아 11장 16-23절
찬송가 360장 행군 나팔 소리에

여호수아 11장 16-23절

16 여호수아가 이같이 그 온 땅 곧 산지와 온 네겝과 고센 온 땅과 평지와 아라바와 이스라엘 산지와 평지를 점령하였으니

17 곧 세일로 올라가는 할락 산에서부터 헤르몬 산 아래 레바논 골짜기의 바알갓까지라 그들의 왕들을 모두 잡아 쳐죽였으며

18 여호수아가 그 모든 왕들과 싸운 지가 오랫동안이라

19 기브온 주민 히위 족속 외에는 이스라엘 자손과 화친한 성읍이 하나도 없고 이스라엘 자손이 싸워서 다 점령하였으니

20 그들의 마음이 완악하여 이스라엘을 대적하여 싸우러 온 것은 여호와께서 그리하게 하신 것이라 그들을 진멸하여 바치게 하여 은혜를 입지 못하게 하시고 여호와께서 모세에게 명령하신 대로 그들을 멸하려 하심이었더라

21 그 때에 여호수아가 가서 산지와 헤브론과 드빌과 아납과 유다 온 산지와 이스라엘의 온 산지에서 아낙 사람들을 멸절하고 그가 또 그들의 성읍들을 진멸하여 바

쳤으므로

22 이스라엘 자손의 땅에는 아낙 사람들이 하나도 남지 아니하였고 가사와 가드와
아스돗에만 남았더라

23 이와 같이 여호수아가 여호와께서 모세에게 말씀하신 대로 그 온 땅을 점령하여
이스라엘 지파의 구분에 따라 기업으로 주매 그 땅에 전쟁이 그쳤더라

모세의 뒤를 이어 지도자가 된 여호수아에게 주어진 최대 과업은 약
속의 땅에서 정복 전쟁을 하는 것입니다. 여호수아는 가나안 땅의 남부
와 북부를 오가며 전쟁을 벌입니다. 본문 바로 직전에 가나안 북부 지
역 동맹군과의 메롬 전투에서 승리함으로써 가나안 대부분을 정복하
는 쾌거를 이룹니다. 17절에 정복 전쟁으로 인한 땅의 경계를 언급하
는데 할락산은 가나안 땅의 남방 경계지역이고, 바알갓은 가나안 땅의
최북단입니다. 즉 가나안 땅의 전 지역을 쟁취했다는 뜻입니다. 드디어
정복 전쟁의 사명을 완수한 것입니다. 그동안의 정복 전쟁을 통해서 우
리는 다음의 두 가지 사실을 알게 됩니다.

전쟁은 하나님께 속해 있습니다

여호수아는 용맹한 사령관입니다. 하지만 전쟁은 하나님께서 주관
하십니다. 오늘 본문의 배경은 15절입니다. "여호와께서 그의 종 모세
에게 명령하신 것을 모세는 여호수아에게 명령하였고 여호수아는 그
대로 행하여 여호와께서 모세에게 명하신 모든 것을 하나도 행하지 아
니한 것이 없었더라"(15절). 즉 여호수아가 가나안 전 지역을 정복한 것

은 하나님의 명령에 의한 것이고 하나님의 도우심으로 가능한 것이었습니다. 여호수아는 전쟁에 능한 사령관이 아니라 순종에 능한 사령관이었습니다. 이스라엘을 애굽에서 빼내어 가나안 땅으로 인도하신 분도 하나님이시고, 정복 전쟁 가운데 모든 것을 지휘하신 분도 하나님이십니다. 하나님은 이스라엘에게 "보이는 땅을 내가 너와 네 자손에게 주리니 영원히 이르리라"(창 13:15)고 약속하셨고 이를 이루신 것입니다. 하나님은 약속하시고 성취하시는 분입니다. 오늘도 우리는 약속대로 다시 오실 예수님을 기다리고 있습니다. 현실의 삶이 어떠하든 하나님의 약속을 붙들고 사는 가정이 되길 축복합니다. 전쟁은 하나님께 속하였습니다.

하나님 안에 거하는 사람은 안전합니다

가나안 전쟁의 특징은 가나안의 모든 족속을 다 진멸시켜야 한다는 것입니다. 그런데 정복 전쟁이 마무리되는 시점에 모든 족속은 다 멸절되었지만 기브온 주민 히위 족속은 예외로 살아남았습니다. 가나안의 모든 족속이 이스라엘에 대한 소문을 듣고 적대적으로 대했습니다. 하지만 기브온 거민들은 하나님 편에 서기로 다짐하고 이스라엘과 화친했습니다. 당시 가나안 땅의 거주민이 이스라엘과 화친을 맺는다는 것은 목숨을 걸 만큼 위험한 것이었습니다. 실제로 이로 인해서 기브온은 가나안의 공공의 적이 되어 전쟁이 일어나기도 했습니다. 하지만 기브온은 위기의 순간에 더욱더 이스라엘 편에 섰습니다. 그리고 구원을 얻었습니다. 기생 라합 역시 마찬가지입니다. 원리대로라면 죽임을 당해야 하지만 하나님 편에 서기로 다짐하고 은혜를 구하자 그의 가족까지 살아남았습니다. 전쟁이 계속되는 동안에도 기브온과 라합처럼 가나안 사람들은 하나님 편에 설 수 있었습니다. 하지만 하나님을 대적했고, 그 결과는 죽음이었습니다. 하나님 안에 거하는 모든 사람은 안전합니다. 어떤 일이 있어도 하나님 안에 거하는 가정이 되길 축복합니다.

가나안 정복 전쟁은 마무리되었지만 우리 삶의 전쟁은 지금도 진행되고 있습니다. 시대는 다르지만 결국 전쟁의 성격은 같습니다. 하나님 편에 설 것인가, 세상 편에 설 것인가. 언제나 하나님께 속한 가정이 되길 축복합니다.

♀ 나눔

1. 하나님께 받은 약속대로 성취된 경험이 있다면 가족과 나눠 보세요.
2. 모든 상황이 하나님 편에 서기 힘든 상황이었지만 그럼에도 불구하고 하나님을 선택한 경험이 있다면 가족과 나눠 보세요.

♀ 기도

하나님, 모든 전쟁은 하나님께 속했음을 믿습니다. 이 땅에서 벌어지는 수많은 영적 전쟁에서 하나님과 함께 승리하는 가정이 되게 하옵소서. 세상에서 말하는 확률을 따져 가며 신앙생활하지 않게 하시고, 오직 하나님만을 바라보는 가정이 되게 하옵소서. 승리를 주실 예수님의 이름으로 기도합니다. 아멘.

♀ 우리 가족 이번 주 미션

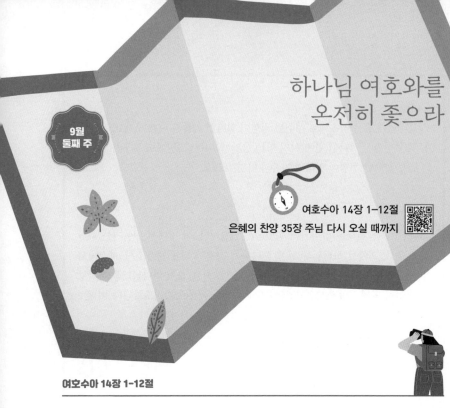

하나님 여호와를
온전히 좇으라

여호수아 14장 1-12절
은혜의 찬양 35장 주님 다시 오실 때까지

여호수아 14장 1-12절

1 이것은 이스라엘 자손이 가나안 땅에서 받은 기업 곧 제사장 엘르아살과 눈의 아들 여호수아와 이스라엘 자손 지파의 족장들이 분배한 것이니라

2 여호와께서 모세에게 명령하신 대로 그들의 기업을 제비 뽑아 아홉 지파와 반 지파에게 주었으니

3 이는 두 지파와 반 지파의 기업은 모세가 요단 저쪽에서 주었음이요 레위 자손에게는 그들 가운데에서 기업을 주지 아니하였으니

4 이는 요셉의 자손이 므낫세와 에브라임의 두 지파가 되었음이라 이 땅에서 레위 사람에게 아무 분깃도 주지 아니하고 다만 거주할 성읍들과 가축과 재산을 위한 목초지만 주었으니

5 이스라엘 자손이 여호와께서 모세에게 명령하신 것과 같이 행하여 그 땅을 나누었더라

6 그 때에 유다 자손이 길갈에 있는 여호수아에게 나아오고 그니스 사람 여분네의

아들 갈렙이 여호수아에게 말하되 여호와께서 가데스 바네아에서 나와 당신에게 대하여 하나님의 사람 모세에게 이르신 일을 당신이 아시는 바라

7 내 나이 사십 세에 여호와의 종 모세가 가데스 바네아에서 나를 보내어 이 땅을 정탐하게 하였으므로 내가 성실한 마음으로 그에게 보고하였고

8 나와 함께 올라갔던 내 형제들은 백성의 간담을 녹게 하였으나 나는 내 하나님 여호와께 충성하였으므로

9 그 날에 모세가 맹세하여 이르되 네가 내 하나님 여호와께 충성하였은즉 네 발로 밟는 땅은 영원히 너와 네 자손의 기업이 되리라 하였나이다

10 이제 보소서 여호와께서 이 말씀을 모세에게 이르신 때로부터 이스라엘이 광야에서 방황한 이 사십오 년 동안을 여호와께서 말씀하신 대로 나를 생존하게 하셨나이다 오늘 내가 팔십오 세로되

11 모세가 나를 보내던 날과 같이 오늘도 내가 여전히 강건하니 내 힘이 그 때나 지금이나 같아서 싸움에나 출입에 감당할 수 있으니

12 그 날에 여호와께서 말씀하신 이 산지를 지금 내게 주소서 당신도 그 날에 들으셨거니와 그 곳에는 아낙 사람이 있고 그 성읍들은 크고 견고할지라도 여호와께서 나와 함께 하시면 내가 여호와께서 말씀하신 대로 그들을 쫓아내리이다 하니

이스라엘은 정복 전쟁을 마친 후에 땅을 분배합니다. 이때부터가 중요합니다. 전쟁을 할 때는 한마음이 되어서 승리했는데, 승리를 한 후 땅을 분배할 때 욕심이 생겨서 하나 되지 못한다면 정복 전쟁의 승리가 도리어 화가 될 수 있기 때문입니다. 역사적으로 보면 이런 경우가 허다합니다. 하지만 이스라엘은 달랐습니다. 이스라엘은 땅을 분배하는 가운데 하나님의 뜻을 온전히 좇았습니다.

📍🗺 하나님의 뜻을 겸손히 받아들이다

땅을 분배하는 데 있어서 가장 먼저 제사장 엘르아살과 지도자 여호수아, 그리고 이스라엘 각 지파의 족장들이 제비를 뽑아 아홉 지파와 반 지파에게 기업을 나누어 줍니다(1-2절). 땅을 분배하는 것도 하나님이 미리 알려 주신 방법대로 행한 것입니다. "여호와께서 또 모세에게 말씀하여 이르시되 너희에게 땅을 기업으로 나눌 자의 이름은 이러하니 제사장 엘르아살과 눈의 아들 여호수아니라 너희는 또 기업의 땅을 나누기 위하여 각 지파에 한 지휘관씩 택하라"(민 34:16-18). 땅을 분배하는 일은 제비뽑기를 통해서 진행합니다. 보통 땅을 분배할 경우 정복 전쟁에 큰 기여를 한 지파나 가장 힘이 센 지파가 좋은 곳을 먼저 얻는 것이 상식입니다. 그런데 하나님은 제비뽑기를 통해서 땅을 나누라고 하십니다. 제비뽑기를 통해서 땅을 분배할 경우 어떤 지파는 결과가 만족스럽지 않을 수 있습니다. 제비뽑기는 무작위 추첨이 아니라 하나님께 모든 결정권을 맡긴다는 의미입니다. 결과가 만족스럽지 않더라도 하나님의 뜻을 순종하며 받아들이는 것입니다. 내가 다 알지 못하는 하나님의 뜻과 계획이 있음을 믿는 것입니다.

📍🗺 끝까지 사명을 완수하다

땅을 분배하는 가운데 갈렙이 여호수아에게 말합니다. "그 날에 여호와께서 말씀하신 이 산지를 지금 내게 주소서 당신도 그 날에 들으셨거니와 그 곳에는 아낙 사람이 있고 그 성읍들은 크고 견고할지라도 여호와께서 나와 함께 하시면 내가 여호와께서 말씀하신 대로 그들을 쫓아내리이다"(수 14:12). 갈렙은 45년 전에 지파의 대표로 가나안 땅을 정탐했을 때의 사건을 떠올리며 여호수아에게 헤브론 산지를 달라고 요청합니다. 헤브론 산지는 해발 약 1,000미터의 지형으로, 거인족으로 알려진 아낙 자손이 살고 있고, 성읍은 크고 견고한 곳이었습니다. 갈렙은 여호수아와 함께 가나안 땅을 정탐한 사람으로서 최고의 장군이고 정복 전쟁에 큰 기여를 한 사람입니다. 살기도 힘든 헤브론 산지가 아니라 좋은 지역을 달라고 해도 누구도 반대할 수 없는 사람입니다. 그럼에도 불구하고 갈렙은 45년간 하나님의 약속을 기다렸고 때가 되었을 때 사명을 완수하기 위해서 헤브론 땅을 요구합니다. "헤브론이 그니스 사람 여분네의 아들 갈렙의 기업이 되어 오늘까지 이르렀으니 이는 그가 이스라엘의 하나님 여호와를 온전히 좇았음이라"(14절). 여호수아는 받을 복을 위해 사는 것이 아니라 이룰 사명을 위해 사는 리더였습니다.

전쟁을 할 때나 전쟁 이후에 땅을 분배할 때도 하나님의 뜻을 온전히 좇아야 합니다. 그러지 않으면 용두사미가 될 수 있습니다. 하나님이 나에게 주신 분깃에 만족하고, 하나님이 주신 사명을 성취하기 위해 힘을 다하는 가정이 되길 축복합니다.

♀ 나눔

1. 이스라엘이 땅을 분배하는 현장에서 내가 안 좋은 땅을 분배받았다면 기분이 어땠을까요?
2. 갈렙처럼 내가 성취해야 할 사명이 있다면 가족과 나눠 보세요.

♀ 기도

하나님, 우리 가정이 언제나 하나님만을 온전히 좇는 가정이 되길 원합니다. 하나님이 이미 주신 것에 대해서 진심으로 감사하고, 사명으로 얻어야 할 것이 있다면 최선을 다하는 가정이 되게 하옵소서. 우리 가정의 모든 것 되시는 예수님의 이름으로 기도합니다. 아멘.

♀ 우리 가족 이번 주 미션

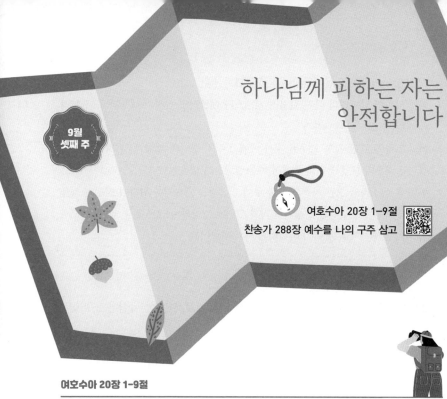

하나님께 피하는 자는 안전합니다

여호수아 20장 1-9절
찬송가 288장 예수를 나의 구주 삼고

여호수아 20장 1-9절

1 여호와께서 여호수아에게 말씀하여 이르시되

2 이스라엘 자손에게 말하여 이르기를 내가 모세를 통하여 너희에게 말한 도피성들을 너희를 위해 정하여

3 부지중에 실수로 사람을 죽인 자를 그리로 도망하게 하라 이는 너희를 위해 피의 보복자를 피할 곳이니라

4 이 성읍들 중의 하나에 도피하는 자는 그 성읍에 들어가는 문 어귀에 서서 그 성읍의 장로들의 귀에 자기의 사건을 말할 것이요 그들은 그를 성읍에 받아들여 한 곳을 주어 자기들 중에 거주하게 하고

5 피의 보복자가 그의 뒤를 따라온다 할지라도 그들은 그 살인자를 그의 손에 내주지 말지니 이는 본래 미워함이 없이 부지중에 그의 이웃을 죽였음이라

6 그 살인자는 회중 앞에 서서 재판을 받기까지 또는 그 당시 대제사장이 죽기까지 그 성읍에 거주하다가 그 후에 그 살인자는 그 성읍 곧 자기가 도망하여 나온 자

기 성읍 자기 집으로 돌아갈지니라 하라 하시니라

7 이에 그들이 납달리의 산지 갈릴리 게데스와 에브라임 산지의 세겜과 유다 산지
의 기럇 아르바 곧 헤브론과

8 여리고 동쪽 요단 저쪽 르우벤 지파 중에서 평지 광야의 베셀과 갓 지파 중에서
길르앗 라못과 므낫세 지파 중에서 바산 골란을 구별하였으니

9 이는 곧 이스라엘 모든 자손과 그들 중에 거류하는 거류민을 위하여 선정된 성읍
들로서 누구든지 부지중에 살인한 자가 그리로 도망하여 그가 회중 앞에 설 때까
지 피의 보복자의 손에 죽지 아니하게 하기 위함이라

2021년 7월 30일 기준으로 한국에서 코로나로 사망한 사람은 2,089명
입니다. 그런데 자살로 죽은 사람은 1만 4,821명입니다. 코로나로 사망
한 사람보다 자살로 사망한 사람이 일곱 배나 많습니다. 자살을 하는
사람들의 동기는 여러 가지가 있겠지만 결국은 마음 편히 쉴 곳이 없
고, 힘들고 지칠 때 피할 곳이 없기 때문일 것입니다. 피할 곳이 있다면
내일을 살아갈 힘을 얻을 수 있습니다. 본문은 여러 가지 이유로 죽을
수밖에 없는 사람들이 피할 도피성에 대한 구절입니다.

하나님은 생명을 귀하게 여기십니다

하나님은 여호수아를 통해서 도피성을 만들라고 하십니다. 도피성
은 부지중에 실수로 사람을 죽인 자가 피의 보복자로부터 피하기 위한
곳입니다(3절). 도피성에 대한 언급은 본문 외에도 출애굽기 21장, 민수
기 35장, 신명기 19장에 기록되어 있습니다. 성경은 반복적으로 부지

중에 큰 실수를 저지른 사람을 보호할 방법을 말씀하고 계십니다. 본문에는 "피의 보복자"라는 단어가 3절, 5절, 9절에 반복적으로 등장합니다. "피의 보복자"라는 단어는 히브리어로 '고엘'입니다. 고엘은 '도로 사는 사람, 대신 갚아 주는 사람, 혹은 기업 무를 자'란 뜻입니다. 즉 친족 중에 누군가 억울한 일을 당할 때, 그것을 대신 되찾아 주고, 가계를 이어 주고, 책임을 대신 맡아 주는 제도입니다. 가족과 친족 중에 누군가 죽임을 당했다면 이유를 불문하고 분노와 복수심에 복수하고 싶은 마음이 들 것입니다. 하나님은 이런 복수심으로 누군가를 죽이는 것을 원치 않으십니다. 또한 비록 사람을 죽였지만 그것이 고의가 아니라 실수였다면 그 사람 역시 보호를 받아야 합니다. 하나님은 우리 생명의 근원이시고, 또한 우리의 생명을 지키시는 분입니다. 그러니 우리도 서로의 생명을 귀하게 여겨야 합니다.

하나님은 우리의 도피성입니다

도피성은 다음과 같은 특징을 지니고 있습니다. 첫째, 도피성은 하나님이 정해 놓으신 유일한 피난처입니다(3절). 다른 곳으로 가면 생명과 안전을 보장받을 수 없습니다. 둘째, 도피성은 자신의 죄를 자백한 사람들이 들어갈 수 있습니다(4-5절). 도피성으로 도망 온 사람은 가장 먼저 제사장에게 공개적으로 자신이 저지른 사고에 대해서 자백해야 합니다. 셋째, 도피성은 어느 곳에서나 쉽게 찾을 수 있는 곳에 위치해 있습니다(7-8절). 도피성으로 가는 길은 잘 찾을 수 있도록 이정표가 세워져 있고, 어느 곳에서나 속히 갈 수 있는 곳에 배치되어 있습니다. 넷째, 도피성은 이스라엘 백성뿐 아니라 나그네와 체류자, 이방인에게까지도 차별 없이 열려 있습니다(9절). 도피성은 차별이 없는 곳으로 누구에게나 열려 있는 곳입니다. 도피성은 바로 하나님을 의미합니다. 하나님 외에 다른 안전한 곳은 없습니다. 하나님 앞에 죄를 자백한 모든 사람은 보호를 받습니다. 하나님께 피하는 방법은 쉽습니다. 죄를 진심으로 자백하고 하나님의 말씀을 따르면 됩니다. 하나님은 차별이 없는 분으로 모든 사람에게 동일한 사랑의 마음을 가지고 계십니다. 하나님을 유일한 도피성으로 삼는 가정이 되길 바랍니다.

우리에게는 피할 도피성이 필요합니다. 청소년은 입시 지옥에 허덕이고, 청년들은 한국을 '헬조선'이라고 합니다. 중년의 위기는 사회적 문제가 됐고, 노인 빈곤율은 세계적으로 심각한 수준입니다. 모든 세대가 피할 도피성이 필요합니다. 하나님 안에서 참된 안식을 누리는 가정이 되길 축복합니다.

📍나눔

1. 누군가의 실수를 변호해 주고 아픔을 위로해 준 경험이 있다면 가족과 나눠 보세요.
2. 우리 가정이 도피성이 되기 위한 가정의 규칙을 세워 보세요.

📍기도

하나님만이 우리 가정의 유일한 도피성입니다. 하나님 안에서 보호를 받으며 쉼을 누리는 가정이 되게 하옵소서. 또한 우리 가정이 상처받고 위로가 필요한 사람들에게 도피성과 같은 공간이 되게 하옵소서. 보호자 되시는 예수님의 이름으로 기도합니다. 아멘.

📍우리 가족 이번 주 미션

여호수아 23장 1-16절
찬송가 516장 옳은 길 따르라 의의 길을

여호수아 23장 1-16절

1 여호와께서 주위의 모든 원수들로부터 이스라엘을 쉬게 하신 지 오랜 후에 여호
  수아가 나이 많아 늙은지라

2 여호수아가 온 이스라엘 곧 그들의 장로들과 수령들과 재판장들과 관리들을 불
  러다가 그들에게 이르되 나는 나이가 많아 늙었도다

3 너희의 하나님 여호와께서 너희를 위하여 이 모든 나라에 행하신 일을 너희가 다
  보았거니와 너희의 하나님 여호와 그는 너희를 위하여 싸우신 이시니라

4 보라 내가 요단에서부터 해 지는 쪽 대해까지의 남아 있는 나라들과 이미 멸한 모든
  나라를 내가 너희를 위하여 제비 뽑아 너희의 지파에게 기업이 되게 하였느니라

5 너희의 하나님 여호와 그가 너희 앞에서 그들을 쫓아내사 너희 목전에서 그들을
  떠나게 하시리니 너희의 하나님 여호와께서 너희에게 말씀하신 대로 너희가 그
  땅을 차지할 것이라

6 그러므로 너희는 크게 힘써 모세의 율법 책에 기록된 것을 다 지켜 행하라 그것을

떠나 우로나 좌로나 치우치지 말라

7 너희 중에 남아 있는 이 민족들 중에 들어 가지 말라 그들의 신들의 이름을 부르지 말라 그것들을 가리켜 맹세하지 말라 또 그것을 섬겨서 그것들에게 절하지 말라

8 오직 너희의 하나님 여호와께 가까이 하기를 오늘까지 행한 것 같이 하라

9 이는 여호와께서 강대한 나라들을 너희의 앞에서 쫓아내셨으므로 오늘까지 너희에게 맞선 자가 하나도 없었느니라

10 너희 중 한 사람이 천 명을 쫓으리니 이는 너희의 하나님 여호와 그가 너희에게 말씀하신 것 같이 너희를 위하여 싸우심이라

11 그러므로 스스로 조심하여 너희의 하나님 여호와를 사랑하라

12 너희가 만일 돌아서서 너희 중에 남아 있는 이 민족들을 가까이 하여 더불어 혼인하며 서로 왕래하면

13 확실히 알라 너희의 하나님 여호와께서 이 민족들을 너희 목전에서 다시는 쫓아내지 아니하시리니 그들이 너희에게 올무가 되며 덫이 되며 너희의 옆구리에 채찍이 되며 너희의 눈에 가시가 되어서 너희가 마침내 너희의 하나님 여호와께서 너희에게 주신 이 아름다운 땅에서 멸하리라

14 보라 나는 오늘 온 세상이 가는 길로 가려니와 너희의 하나님 여호와께서 너희에게 대하여 말씀하신 모든 선한 말씀이 하나도 틀리지 아니하고 다 너희에게 응하여 그 중에 하나도 어김이 없음을 너희 모든 사람은 마음과 뜻으로 아는 바라

15 너희의 하나님 여호와께서 너희에게 말씀하신 모든 선한 말씀이 너희에게 임한 것 같이 여호와께서 모든 불길한 말씀도 너희에게 임하게 하사 너희의 하나님 여호와께서 너희에게 주신 이 아름다운 땅에서 너희를 멸절하기까지 하실 것이라

16 만일 너희가 너희의 하나님 여호와께서 너희에게 명령하신 언약을 범하고 가서 다른 신들을 섬겨 그들에게 절하면 여호와의 진노가 너희에게 미치리니 너희에게 주신 아름다운 땅에서 너희가 속히 멸망하리라 하니라

오늘 본문의 말씀은 여호수아의 두 번째 고별 설교에 관한 부분입니다. 모세가 애굽에서 이스라엘 백성들을 이끌어 나오고 여호수아가 이

스라엘을 이끌고 가나안으로 들어온 지 수십 년이 지났습니다. 이스라엘은 아무것도 없는 광야에서 따뜻한 하나님의 특별한 은혜를 경험했고, 사방이 적들인 가나안에서는 강한 하나님의 승리의 은혜를 경험했습니다.

이스라엘이 어느 민족도 경험하지 못한 특별한 하나님의 사랑을 받았다면 하나님만을 온전히 섬기는 것이 마땅합니다. 그런데 여호수아는 마지막 유언을 남기는 순간에도 이스라엘의 변덕스러운 마음이 염려되었습니다. 그래서 다음의 두 가지를 당부합니다.

🗺️ 너희 영혼을 조심하라

여호수아는 11절에 다음과 같이 말합니다. "그러므로 스스로 조심하여." 이 말씀을 원문 그대로 직역하면 "너희 영혼을 조심하라"입니다. 여호수아는 이스라엘의 영혼의 상태에 지대한 관심을 가지고 있었습니다.

인생에서 가장 중요한 것은 영혼의 상태를 점검하는 것입니다. 영혼의 건강은 한순간에 호전되는 것이 아니기 때문에 반복적인 일상의 삶이 영혼의 건강에 도움이 되어야 합니다. 그런 의미에서 가정생활은 매우 중요합니다. 가족 구성원과 가정의 분위기, 가정의 문화가 영혼을 해치는 환경이라면 절대로 영혼이 건강할 수 없습니다. 그래서 여호수아는 다음과 같이 말합니다. "너희가 만일 돌아서서 너희 중에 남아 있는 이 민족들을 가까이 하여 더불어 혼인하며 서로 왕래하면"(12절).

이방인과의 성적 접촉과 결혼 문제는 이스라엘 공동체의 반복적인 문제였습니다. 하나님은 이 부분을 확실하게 금지하셨습니다. 왜냐하면 영혼을 해치기 때문입니다. "확실히 알라 너희의 하나님 여호와께서 이 민족들을 너희 목전에서 다시는 쫓아내지 아니하시리니 그들이 너희에게 올무가 되며 덫이 되며 너희의 옆구리에 채찍이 되며 너희의 눈에 가시가 되어서 너희가 마침내 너희의 하나님 여호와께서 너희에게 주신 이 아름다운 땅에서 멸하리라"(13절).

가정의 문화가 영혼의 상태에 영향을 미칩니다. 그러므로 가정의 문화를 하나님 중심의 문화로 변화시켜야 합니다.

📍 하나님을 사랑하라

여호수아의 마지막 당부는 하나님을 사랑하라는 것입니다. "너희의 하나님 여호와를 사랑하라"(11절).

하나님을 사랑한다는 것은 첫 번째로 하나님의 말씀을 기억하고 행하는 것입니다. "그러므로 너희는 크게 힘써 모세의 율법 책에 기록된 것을 다 지켜 행하라 그것을 떠나 우로나 좌로나 치우치지 말라"(6절). 누군가를 사랑하는데 그 사람의 말을 무시할 수는 없습니다.

하나님을 사랑한다는 것은 두 번째로 다른 신에게 절하지 않는 것입니다. "그들의 신들의 이름을 부르지 말라 그것들을 가리켜 맹세하지 말라 또 그것을 섬겨서 그것들에게 절하지 말라"(7절). 자신의 욕망에 이끌려 우상숭배를 해서는 안 됩니다. 우상숭배는 탐심의 결과입니다.

허무한 욕망을 채우기 위해 있지도 않은 우상에게 절해서는 안 됩니다. 하나님을 사랑하는 것에는 감정적으로 하나님을 깊이 사랑하는 것과 동시에 의지적으로 악을 따르지 않는 결단이 있어야 합니다.

여호수아는 이제 곧 "온 세상이 가는 길로"(14절) 갑니다. 애굽과 광야, 그리고 가나안 시대를 살았던 여호수아가 확신하는 것은 하나님이 하신 모든 선한 말씀은 하나도 틀리지 않았다는 것입니다(14절).

우리 역시 언젠가 온 세상이 가는 길로 갈 것입니다. 그때까지 우리 영혼을 조심하고 하나님을 온전히 사랑하는 가정이 되길 축복합니다.

♀ 나눔

1. 내 영혼을 조심하기 위해서 나는 무엇을 할 수 있을까요?
2. 하나님을 더욱 사랑하기 위해서 우리 가정이 할 수 있는 일은 무엇이 있을지 가족과 나눠 보세요.

♀ 기도

우리 가정의 하나님을 향한 마음이 변덕스럽지 않고 한결같기를 소망합니다. 우리 가정의 영혼을 보호해 주시고, 하나님을 향한 마음이 날로 깊어지는 가정이 되게 하옵소서. 온 세상이 가는 길을 끝까지 믿음으로 걷는 가정이 되게 하옵소서. 사랑하는 예수님의 이름으로 기도합니다. 아멘.

♀ 우리 가족 이번 주 미션

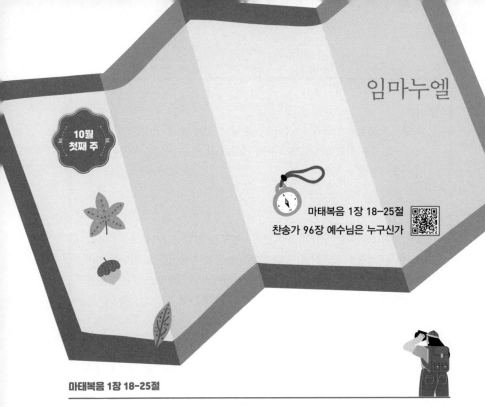

임마누엘

10월
첫째 주

마태복음 1장 18-25절
찬송가 96장 예수님은 누구신가

마태복음 1장 18-25절

18 예수 그리스도의 나심은 이러하니라 그의 어머니 마리아가 요셉과 약혼하고 동
거하기 전에 성령으로 잉태된 것이 나타났더니

19 그의 남편 요셉은 의로운 사람이라 그를 드러내지 아니하고 가만히 끊고자 하여

20 이 일을 생각할 때에 주의 사자가 현몽하여 이르되 다윗의 자손 요셉아 네 아내
마리아 데려오기를 무서워하지 말라 그에게 잉태된 자는 성령으로 된 것이라

21 아들을 낳으리니 이름을 예수라 하라 이는 그가 자기 백성을 그들의 죄에서 구원
할 자이심이라 하니라

22 이 모든 일이 된 것은 주께서 선지자로 하신 말씀을 이루려 하심이니 이르시되

23 보라 처녀가 잉태하여 아들을 낳을 것이요 그의 이름은 임마누엘이라 하리라 하
셨으니 이를 번역한즉 하나님이 우리와 함께 계시다 함이라

24 요셉이 잠에서 깨어 일어나 주의 사자의 분부대로 행하여 그의 아내를 데려왔으나

25 아들을 낳기까지 동침하지 아니하더니 낳으매 이름을 예수라 하니라

인류 역사상 가장 위대한 사건이 요셉과 마리아 사이에서 은밀하게 벌어지고 있습니다. 바로 예수님이 이 땅에 오시는 일입니다. 하나님이 우리를 구원하시기 위해서 인간의 모습으로 이 땅에 오셨습니다. 얼마나 함께하길 원하셨는지 이름도 '임마누엘', 즉 '하나님이 우리와 함께하시다'입니다. 우리와 함께하시는 하나님은 어떤 하나님입니까?

우리를 구원하시는 하나님입니다

마태복음 1장의 족보는 공통적으로 '누가 누구를 낳고'로 끝이 납니다. 그런데 요셉의 경우는 '낳았다'는 표현이 없습니다(16절). 요셉이 중심이 아니라 마리아를 중심으로 기록되어 있습니다. 이는 예수님은 족보상 요셉의 후손이지만 부계의 혈통을 직접 이어받지 않았다는 것을 시사하는 것입니다. 즉 예수님은 성령으로 잉태되신 것입니다.

예수님은 인간의 죄 문제를 해결하시기 위해서 이 땅에 오셨습니다. 인간의 죄 문제를 해결하기 위해서는 인간으로 오셔야 하며, 또한 죄용서의 효력을 위해서는 하나님이셔야 합니다. 그래서 성육신하셔서 오신 것입니다. 인간의 근원적인 문제가 돈이라면 예수님은 은행가가 되셨을 것입니다. 세상의 시스템이 문제라면 훌륭한 정치인이 되셨을 것입니다. 하지만 인간의 근원적인 문제가 죄의 문제이기에 예수님은 죄인과 동일한 모습인 인간으로 오셔서 십자가를 지시고, 죽으시고, 사망을 이기고 부활하셔서 죄의 문제를 해결하신 것입니다. 임마누엘의 하나님을 찬양하지 않을 수가 없습니다.

요셉과 마리아는 약혼을 한 상태였습니다. 그런데 어느 날 갑자기 요셉은 마리아가 임신했다는 소식을 듣습니다. 얼마나 충격적인 소식이었을까요? 사랑에 대한 배신감과 함께 자신에 대한 자괴감, 하나님에 대한 원망도 있을 수 있습니다. 그런데 요셉은 의로운 사람이라 이를 드러내지 않고 가만히 끊으려고 합니다(19절).

이때 주의 사자가 현몽하여 요셉에게 마리아의 임신에 대한 이야기를 해 줍니다. 요셉의 입장에서 충격적인 소식입니다. 사람이 성령으로 잉태되었다는 것도 처음 들었고, 그 대상이 내가 사랑하는 마리아이며, 그 아기가 사람의 죄를 대속할 예수 그리스도란 것입니다.

믿기 힘든 상황인데, 요셉은 마리아가 그랬듯이 예수님을 품기 위해 철저하게 순종합니다. "아들을 낳기까지 동침하지 아니하더니 낳으매 이름을 예수라 하니라"(25절). 거룩한 요셉과 마리아는 하나님의 위대한 사역에 동참하게 됩니다. 임마누엘이신 예수 그리스도를 낳기까지 최선의 노력을 다합니다.

우리를 구원하시기 위해 이 땅에 오신 예수 그리스도를 찬양합니다. 우리 가정 역시 요셉과 마리아의 가정처럼 거룩함과 순종으로 예수님을 온전히 품는 가정이 되길 축복합니다.

📍나눔

1. 임마누엘의 하나님께 감사의 고백을 드리는 시간을 가족과 가져 보세요.

2. 성령으로 아이를 가졌다는 이야기를 들었을 때 요셉과 마리아의 마음이 어땠을까요? 내가 그 상황이었다면 어떻게 반응했을 것 같은지 가족과 나눠 보세요.

📍기도

우리를 구원하시기 위해 이 땅에 오신 임마누엘의 하나님께 감사드립니다. 우리와 함께하길 원하시는 하나님과 같이 우리 가정도 하나님과 함께하기 위해 거룩함에 힘쓰는 가정이 되게 하옵소서. 우리를 구원하신 예수님의 이름으로 기도합니다. 아멘.

📍우리 가족 이번 주 미션

시험 이기기

10월
둘째 주

마태복음 4장 1–11절
찬송가 348장 마귀들과 싸울지라

마태복음 4장 1–11절

1 그 때에 예수께서 성령에게 이끌리어 마귀에게 시험을 받으러 광야로 가사

2 사십 일을 밤낮으로 금식하신 후에 주리신지라

3 시험하는 자가 예수께 나아와서 이르되 네가 만일 하나님의 아들이어든 명하여 이 돌들로 떡덩이가 되게 하라

4 예수께서 대답하여 이르시되 기록되었으되 사람이 떡으로만 살 것이 아니요 하나님의 입으로부터 나오는 모든 말씀으로 살 것이라 하였느니라 하시니

5 이에 마귀가 예수를 거룩한 성으로 데려다가 성전 꼭대기에 세우고

6 이르되 네가 만일 하나님의 아들이어든 뛰어내리라 기록되었으되 그가 너를 위하여 그의 사자들을 명하시리니 그들이 손으로 너를 받들어 발이 돌에 부딪치지 않게 하리로다 하였느니라

7 예수께서 이르시되 또 기록되었으되 주 너의 하나님을 시험하지 말라 하였느니라 하시니

8 마귀가 또 그를 데리고 지극히 높은 산으로 가서 천하 만국과 그 영광을 보여

9 이르되 만일 내게 엎드려 경배하면 이 모든 것을 네게 주리라

10 이에 예수께서 말씀하시되 사탄아 물러가라 기록되었으되 주 너의 하나님께 경배하고 다만 그를 섬기라 하였느니라

11 이에 마귀는 예수를 떠나고 천사들이 나아와서 수종드니라

예수님은 세례를 받으신 후에 성령에 이끌려 광야로 가셨습니다. 주목해야 할 점은 성령에게 이끌려 마귀에게 시험을 받으러 가셨다는 것입니다. 성령의 인도를 받는다면 있던 시험도 비켜 가야 할 것 같은데 시험을 받으셨다는 사실에 마음이 불편하기도 합니다. 하지만 이것이 인생입니다. 성령의 인도함을 받아도 시험을 만날 수 있습니다. 그렇다면 성령의 인도함을 받는 삶과 그렇지 않은 삶의 차이는 무엇입니까? 성령의 인도함을 받는 삶은 시험을 만날 수 있지만 그 시험을 이기게 됩니다. 이길 시험은 우리를 무너뜨리는 것이 아니라 강하게 만듭니다. 예수님의 시험은 우리에게 좋은 모델이 되어 줍니다.

욕망을 따라 살지 말라

예수님께서 40일을 밤낮으로 금식하신 후에 마귀가 찾아와서 예수님을 시험합니다. 첫 번째 시험은 돌들로 떡덩이가 되게 하라(3절)는 것이었습니다. 마귀는 시험에 능한 자로서 어떤 시험이 사람의 마음을 가장 잘 흔들 수 있는지 알고 있습니다. 그래서 금식 후에 굶주린 예수님께 먹을 것에 관한 시험을 하는 것입니다. 예수님은 인간의 육신을 입

고 있었기 때문에 굶주림과 배고픔을 느끼셨습니다.

마귀의 두 번째 시험은 성전 꼭대기에서 만일 하나님의 아들이라면 뛰어내리라(5-6절)는 것입니다. 예수님의 존재와 능력을 증명해 보이라는 것입니다. 하나님의 말씀까지 인용하면서 예수님을 시험합니다(6절). 예수님은 마귀의 충동질에 반응하지 않습니다. 능력이 없어서가 아니라 그것이 하나님의 뜻을 이루지 못한다는 걸 아셨기 때문입니다.

세 번째 시험으로 마귀는 자기를 경배하고 섬기면 천하만국과 영광을 주겠다고 합니다. 예수님은 마귀의 제안을 단칼에 거절하십니다. 마귀의 세 가지 시험의 핵심은 "육신의 정욕과 안목의 정욕과 이생의 자랑"(요일 2:16)입니다. 이것은 처음부터 만족을 줄 수 없는 허상이고 신기루에 불과합니다. 많은 사람들이 이 세 가지를 좇느라 스스로 시험에 빠집니다. 욕망을 따라 살지 않아야 시험에서 승리할 수 있습니다.

📍🗺 말씀을 따라 살라

예수님은 마귀의 시험의 본질을 꿰뚫어 보셨습니다. 마귀의 교묘한 시험에 예수님은 하나님의 말씀을 선포하셨습니다. 첫 번째 시험에 대해서 "사람이 떡으로만 살 것이 아니요 하나님의 입으로부터 나오는 모든 말씀으로 살 것이라"(마 4:4)는 신명기 8장 3절의 말씀으로 응답하셨습니다. 사람이 사는 데 있어서 떡의 문제는 중요하지만, 하나님의 말씀을 붙잡으면 우리는 떡의 문제까지 해결받습니다.

두 번째 시험에 대해서는 "주 너의 하나님을 시험하지 말라"(마 4:7)

는 신명기 6장 16절 말씀으로 응대하셨습니다. 예수님은 자신이 하나님의 아들이라는 것을 증명하실 필요가 없는 분입니다. 더군다나 세례를 받으실 때 이미 하늘로부터 "이는 내 사랑하는 아들이요 내 기뻐하는 자"라는 음성을 받으셨습니다.

세 번째 시험에 대해서는 "주 너의 하나님께 경배하고 다만 그를 섬기라"(마 4:10)라는 신명기 6장 13절 말씀으로 이기셨습니다. 마귀는 경배의 대상이 아닙니다. 오직 하나님만이 우리의 유일한 경배의 대상입니다. 우리의 삶에 시험이 있으나 답도 있습니다. 하나님의 말씀으로 모든 시험을 이기는 가정이 되어야 합니다.

우리 삶은 광야 같고, 시험도 존재합니다. 하지만 말씀으로 무장한다면 시험은 충분히 통과할 수 있습니다. 시험을 통해서 삶이 무너지는 것이 아니라, 말씀의 능력을 깨닫게 될 것입니다. 시험을 통해 더욱 하나님을 신뢰하는 가정이 되길 축복합니다.

♀ 나눔

1. 욕심을 따라 선택했다가 안 좋은 결과를 얻은 경험이 있다면 가족과 나눠 보세요.
2. 시험을 만날 때 사용할 말씀과 내가 가장 좋아하는 말씀을 가족과 나눠 보세요.

♀ 기도

하나님, 우리 가정이 시험을 만날 때마다 예수님처럼 승리하길 원합니다. 마귀의 속임수에 넘어가지 않게 하시고 마귀를 말씀으로 이기는 가정이 되게 하옵소서. 시험을 통해 하나님께 영광 돌리는 가정이 되게 하옵소서. 시험에서 승리하신 예수님의 이름으로 기도합니다. 아멘.

♀ 우리 가족 이번 주 미션

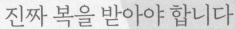

진짜 복을 받아야 합니다

마태복음 5장 1-12절
찬송가 91장 슬픈 마음 있는 사람

마태복음 5장 1-12절

1 예수께서 무리를 보시고 산에 올라가 앉으시니 제자들이 나아온지라

2 입을 열어 가르쳐 이르시되

3 심령이 가난한 자는 복이 있나니 천국이 그들의 것임이요

4 애통하는 자는 복이 있나니 그들이 위로를 받을 것임이요

5 온유한 자는 복이 있나니 그들이 땅을 기업으로 받을 것임이요

6 의에 주리고 목마른 자는 복이 있나니 그들이 배부를 것임이요

7 긍휼히 여기는 자는 복이 있나니 그들이 긍휼히 여김을 받을 것임이요

8 마음이 청결한 자는 복이 있나니 그들이 하나님을 볼 것임이요

9 화평하게 하는 자는 복이 있나니 그들이 하나님의 아들이라 일컬음을 받을 것임이요

10 의를 위하여 박해를 받은 자는 복이 있나니 천국이 그들의 것임이라

11 나로 말미암아 너희를 욕하고 박해하고 거짓으로 너희를 거슬러 모든 악한 말을

할 때에는 너희에게 복이 있나니

12 기뻐하고 즐거워하라 하늘에서 너희의 상이 큼이라 너희 전에 있던 선지자들도 이같이 박해하였느니라

하나님이 사람을 창조하신 후에 가장 먼저 하신 것은 복을 주시는 것이었습니다. "하나님이 그들에게 복을 주시며 하나님이 그들에게 이르시되 생육하고 번성하여 땅에 충만하라, 땅을 정복하라"(창 1:28). 예수님 역시 본문에서 팔복으로 알려진 복에 관한 말씀을 하십니다. 기독교는 기복 종교가 아니지만, 복을 중요하게 생각합니다. 우리는 진짜 복을 받고 누리는 삶을 살아야 합니다. 그렇다면 진짜 복은 어떤 복입니까?

제자들만이 하나님이 주시는 복을 누립니다

예수님이 가시는 곳은 늘 인산인해를 이루었습니다. 여러 병자들을 고치시고 귀신을 내어 쫓는 것을 본 무리가 예수님을 따라다녔습니다. 예수님은 무리를 보시고 산에 올라가 앉으셨습니다(마 5:1). 그런데 예수님 앞에 나온 사람들은 제자들이었습니다. 본문은 의도적으로 산 아래 있는 무리와 산 위에 있는 제자들을 구분하고 있습니다. 이 팔복의 말씀을 들은 사람들은 제자들이었습니다. 예수님을 따라온다고 다 예수님의 제자가 아닙니다. 예수님을 따라오는 사람들에게는 다양한 동기가 있습니다.

제자란 누구입니까? 예수님의 가르침을 삶으로 살아내는 사람입니다. 팔복은 제자들의 것입니다. 무리에게는 천국의 비밀을 아는 것이 허락되지 않았고 오직 제자에게만 허락되었습니다. 본문에는 매 구절마다 "복이 있나니"라는 표현이 반복됩니다. 예수님은 모든 사람이 복을 받기 원하시지만 제자들만 말씀을 듣기 위해 나오기 때문에 제자들만이 예수님이 주시는 복을 누리는 것입니다. 예수님의 제자가 되어 진정한 복을 누리는 가정이 되길 축복합니다.

복은 소유가 아니라 존재의 변화입니다

세상이 추구하는 복은 소유가 늘어나는 것입니다. 하지만 예수님이 말씀하시는 복은 존재가 변화되는 것입니다. 팔복 전체가 소유가 아닌 존재에 초점을 두고 있습니다. 심령이 가난한 자, 애통하는 자, 온유한 자, 의에 주리고 목마른 자, 긍휼히 여기는 자, 마음이 청결한 자, 화평하게 하는 자, 의를 위하여 박해를 받는 자, 이 여덟 가지는 전부 존재와 관련된 것입니다. 많은 사람들이 복을 소유한다고 생각하지만, 복은 소유할 수 있는 것이 아닙니다. 단지 복 받을 존재가 복을 누리는 것입니다.

팔복을 살펴보면 앞의 네 가지 복은 하나님과 개인의 수직관계에 해당하는 것이고 다음의 네 가지 복은 사람들과의 관계 속에서 지켜야할 규정입니다. 이 구조는 십계명의 구조와 동일한 것입니다. 팔복을 누리기 위해서는 하나님과의 수직적 관계와 사람 간의 수평적 관계가 성경적이어야 합니다. 씨줄과 날줄이 교차하여 옷을 만들어 내듯이 인생의 수직과 수평이 말씀에 놓여 있을 때 복을 누리게 되는 것입니다. 이 땅에서 소유하는 모든 것은 다 유통 기한이 있습니다. 돈도 시간이 흐르면 가치가 떨어진다고 합니다. 하나님의 형상을 닮은 인간의 행복은 이 땅의 것으로 채울 수가 없습니다. 이 땅이 보장하는 복은 안개처럼 사라질 것입니다. 진정한 복은 소유의 변화가 아니라 존재의 변화입니다.

팔복에서 말하는 복은 존재를 말하는 것이고, 팔복을 다 합치면 결국 예수님의 마음을 표현한 것이 됩니다. "너희 안에 이 마음을 품으라 곧 그리스도 예수의 마음이니"(빌 2:5). 예수님의 마음을 품은 사람이 가장 큰 복을 받은 사람입니다. 차원이 다른 복을 누리는 복된 가정이 되길 바랍니다.

📍 나눔

1. 나는 무리입니까, 제자입니까? 가족과 나눠 보세요.
2. 팔복의 내용 중에서 지금 나에게 가장 필요한 복은 무엇인지 나눠 보세요.

📍 기도

하나님, 우리 가정에 하나님이 주시는 복이 가득하길 바랍니다. 세상이 부러워하는 복을 많이 가진 가정이 아닌, 예수님의 성품을 많이 닮은 가정이 되게 하옵소서. 무리가 아닌 제자로 살아가는 가정이 되게 하옵소서. 복을 주시는 예수님의 이름으로 기도합니다. 아멘.

📍 우리 가족 이번 주 미션

예수님은 우리를 제자로 부르십니다

누가복음 5장 1-11절
찬송가 461장 십자가를 질 수 있나

누가복음 5장 1-11절

1 무리가 몰려와서 하나님의 말씀을 들을새 예수는 게네사렛 호숫가에 서서

2 호숫가에 배 두 척이 있는 것을 보시니 어부들은 배에서 나와서 그물을 씻는지라

3 예수께서 한 배에 오르시니 그 배는 시몬의 배라 육지에서 조금 떼기를 청하시고 앉으사 배에서 무리를 가르치시더니

4 말씀을 마치시고 시몬에게 이르시되 깊은 데로 가서 그물을 내려 고기를 잡으라

5 시몬이 대답하여 이르되 선생님 우리들이 밤이 새도록 수고하였으되 잡은 것이 없지마는 말씀에 의지하여 내가 그물을 내리리이다 하고

6 그렇게 하니 고기를 잡은 것이 심히 많아 그물이 찢어지는지라

7 이에 다른 배에 있는 동무들에게 손짓하여 와서 도와 달라 하니 그들이 와서 두 배에 채우매 잠기게 되었더라

8 시몬 베드로가 이를 보고 예수의 무릎 아래에 엎드려 이르되 주여 나를 떠나소서 나는 죄인이로소이다 하니

9 이는 자기 및 자기와 함께 있는 모든 사람이 고기 잡힌 것으로 말미암아 놀라고
10 세베대의 아들로서 시몬의 동업자인 야고보와 요한도 놀랐음이라 예수께서 시몬
　에게 이르시되 무서워하지 말라 이제 후로는 네가 사람을 취하리라 하시니
11 그들이 배들을 육지에 대고 모든 것을 버려 두고 예수를 따르니라

예수님은 홀로 모든 일을 다 하실 수 있는데도 동역할 제자를 찾으십니다. 본문 앞 장인 누가복음 4장 43절은 다음과 같습니다. "다른 동네들에서도 하나님의 나라 복음을 전하여야 하리니." 예수님은 하나님의 복음을 각 마을에 전하실 때 혼자 하지 않으시고 함께할 제자들을 찾으십니다. 예수님은 어떤 사람을 제자로 찾으실까요?

🗺️ 단순한 믿음의 사람을 제자로 부르십니다

베드로는 밤새도록 고기를 잡으려고 노력했지만 잡은 것이 없었습니다. 허탈한 마음으로 그물을 씻으며 하루 일을 정리하고 있었습니다. 이때 예수님께서 베드로의 배에 오르셔서 배를 육지에서 조금 떼기를 요청하십니다. "예수께서 한 배에 오르시니 그 배는 시몬의 배라 육지에서 조금 떼기를 청하시고 앉으사 배에서 무리를 가르치시더니"(눅 5:3). 베드로의 입장에서는 매우 귀찮은 일입니다. 하루 일을 정리하고 있는데 배를 띄우라고 하니 어찌 보면 무례한 요구입니다.

말씀을 마치신 예수님은 베드로에게 깊은 데로 가서 그물을 내려 고기를 잡으라고 하십니다. 얕은 곳에서 그물을 내리라고 하면 이치에 맞는 말씀이지만 깊은 곳에 그물을 내리라는 것은 이치에 맞지 않습니다.

전문 어부인 베드로에게 이런 요구는 황당한 요구입니다. 그런데 베드로는 다음과 같이 고백합니다. "시몬이 대답하여 이르되 선생님 우리들이 밤이 새도록 수고하였으되 잡은 것이 없지마는 말씀에 의지하여 내가 그물을 내리리이다 하고"(5절). 베드로는 단순한 믿음의 사람이었습니다. 어부로서의 전문적인 지식을 내려놓고 말씀에 의지하여 순종합니다. 제자는 자신의 생각으로 사는 사람이 아니라 예수님의 말씀에 의지하여 사는 사람입니다. 제자의 첫 번째 조건은 말씀에 대한 단순한 믿음입니다.

📍🗺️ 모든 것을 버린 사람을 제자로 부르십니다

베드로는 예수님의 말씀에 대한 단순한 믿음으로 그물을 깊은 곳에 던졌는데 혼자서는 그물을 들어 올리지도 못할 정도로 물고기를 잡았습니다. 결국 다른 배의 동료들에게 도와 달라고 손짓하여 겨우 그물을 건져 올렸습니다. 어부였던 베드로의 모든 지식과 경험이 무너졌습니다. 자신의 모든 지식과 경험으로 밤새도록 몸부림을 쳐도 빈손인데, 예수님의 말씀에 순종하자 한 번에 두 배를 가득 채우는 일이 벌어진 것입니다. 그 순간에 베드로는 예수님의 무릎 아래 엎드려 자신이 죄인임을 고백합니다(8절). 예수님의 말씀과 예수님의 능력에 압도된 것입니다. 예수님은 두려워하는 베드로에게 말씀하십니다. "세베대의 아들로서 시몬의 동업자인 야고보와 요한도 놀랐음이라 예수께서 시몬에게 이르시되 무서워하지 말라 이제 후로는 네가 사람을 취하리라 하시니"(10절). 이때 베드로는 모든 것을 버려두고 예수님을 따릅니다. 조금 전까지 밤새도록 물고기를 잡기 위해서 몸부림을 쳤던 베드로인데 예수님을 만나자 모든 것을 버려두고 예수님의 제자가 된 것입니다. 반쪽짜리 헌신으로는 예수님의 제자가 될 수 없습니다. 모든 것을 걸어야 예수님의 제자가 됩니다.

베드로는 이전에 가진 모든 것을 버리고 예수님이 주시는 영광스러운 삶을 얻었습니다. 내려놓아야 얻을 수 있습니다. 제자는 물고기를 잡기 위해 사는 것이 아니라 사람을 살리기 위해 사는 사람입니다. 예수님은 지금도 제자를 찾으십니다. 단순한 믿음과 모든 것을 버리는 담대함으로 예수님의 제자가 되길 축복합니다.

♀ 나눔

1. 내가 단순한 믿음으로 행한 최고의 도전은 무엇이었는지 가족과 나눠 보세요.
2. 내가 예수님의 제자가 되기 위해 포기한 것이 무엇인지 가족과 나눠 보세요.

♀ 기도

하나님, 우리 가족이 예수님을 온전히 좇는 제자가 되길 원합니다. 복잡한 세상을 단순한 믿음으로 살게 하옵소서. 주님을 이용해서 무엇인가를 얻으려 하기보다, 주님을 위해 모든 것을 포기하는 가정이 되게 하옵소서. 우리 가정의 인도자 되시는 예수님의 이름으로 기도합니다. 아멘.

♀ 우리 가족 이번 주 미션

용서가 아니라
사랑해야 합니다

누가복음 6장 27-38절
찬송가 421장 내가 예수 믿고서

누가복음 6장 27-38절

27 그러나 너희 듣는 자에게 내가 이르노니 너희 원수를 사랑하며 너희를 미워하는
   자를 선대하며

28 너희를 저주하는 자를 위하여 축복하며 너희를 모욕하는 자를 위하여 기도하라

29 너의 이 뺨을 치는 자에게 저 뺨도 돌려대며 네 겉옷을 빼앗는 자에게 속옷도 거
   절하지 말라

30 네게 구하는 자에게 주며 네 것을 가져가는 자에게 다시 달라 하지 말며

31 남에게 대접을 받고자 하는 대로 너희도 남을 대접하라

32 너희가 만일 너희를 사랑하는 자만을 사랑하면 칭찬 받을 것이 무엇이냐 죄인들
   도 사랑하는 자는 사랑하느니라

33 너희가 만일 선대하는 자만을 선대하면 칭찬 받을 것이 무엇이냐 죄인들도 이렇
   게 하느니라

34 너희가 받기를 바라고 사람들에게 꾸어 주면 칭찬 받을 것이 무엇이냐 죄인들도

그만큼 받고자 하여 죄인에게 꾸어 주느니라

35 오직 너희는 원수를 사랑하고 선대하며 아무 것도 바라지 말고 꾸어 주라 그리하면 너희 상이 클 것이요 또 지극히 높으신 이의 아들이 되리니 그는 은혜를 모르는 자와 악한 자에게도 인자하시니라

36 너희 아버지의 자비로우심 같이 너희도 자비로운 자가 되라

37 비판하지 말라 그리하면 너희가 비판을 받지 않을 것이요 정죄하지 말라 그리하면 너희가 정죄를 받지 않을 것이요 용서하라 그리하면 너희가 용서를 받을 것이요

38 주라 그리하면 너희에게 줄 것이니 곧 후히 되어 누르고 흔들어 넘치도록 하여 너희에게 안겨 주리라 너희가 헤아리는 그 헤아림으로 너희도 헤아림을 도로 받을 것이니라

살아가면서 누구나 대인 관계로 어려움을 겪습니다. 그렇게 들어가기 힘든 회사에 취직을 해도 일 년 내에 퇴사를 하는 경우가 많은데 대부분은 대인 관계에서 오는 어려움 때문이라고 합니다. 대인 관계가 '데인 관계'로 변한 것입니다. 단순한 관계의 어려움을 넘어 원수가 된 관계도 있습니다. 이럴 때 어떻게 해야 할까요?

사랑해야 합니다

예수님은 원수가 생겼을 때 이렇게 하라고 하셨습니다. "그러나 너희 듣는 자에게 내가 이르노니 너희 원수를 사랑하며 너희를 미워하는 자를 선대하며"(27절). 선대한다는 것은 차별이 없어야 한다는 것입니다. 예수님은 원수를 단순히 용서하는 것을 넘어 사랑하라고 하셨습니다. 사랑이란 단어는 '아가페'입니다. 아가페는 우리를 향한 예수님의

사랑처럼 사랑을 받을 대상자에게 사랑을 받을 만한 아무런 자격이 없다 해도 사랑하는 것입니다. 사랑을 받을 만한 조건이 없을 뿐만 아니라 원수라 할지라도 사랑해야 한다는 것입니다. 로마서 5장을 보면 예수님은 "우리가 연약할 때에", "우리가 아직 죄인 되었을 때에", "우리가 원수 되었을 때에" 우리를 위해 죽으셔서 우리에 대한 자기의 사랑을 확증하셨습니다. 원수를 사랑하는 것은 예수님처럼 행동하는 것입니다. 원수를 사랑하는 것은 죄인 된 인간의 본성을 거스르는 것입니다. '사랑해야지!'라고 결단해도 그 대상을 보면 분노가 치밀어 오르는 것이 우리의 형편입니다. 그래서 진정한 사랑을 위해서는 나를 향한 예수님의 사랑에 깊이 잠겨 있어야 합니다. 나의 힘이 아닌 예수님의 힘으로 원수를 사랑할 수 있습니다.

원수를 사랑하는 것이 곧 나를 사랑하는 것입니다

원수를 용서하는 것이 나를 용서하는 것입니다. 원수에 대한 복수는 또 다른 복수를 낳습니다. 하지만 원수를 용서하는 것을 넘어 사랑하게 되면 예수님이 예비하신 상을 얻습니다. "오직 너희는 원수를 사랑하고 선대하며 아무 것도 바라지 말고 꾸어 주라 그리하면 너희 상이 클 것이요"(눅 6:35). '나에게 피해를 준 원수를 용서하고 사랑하면 내게 남는 것이 무엇입니까!'라며 항변할 수 있습니다. 하지만 원수 사랑이 나에게 더 큰 것을 안겨 줍니다. "주라 그리하면 너희에게 줄 것이니 곧 후히 되어 누르고 흔들어 넘치도록 하여 너희에게 안겨 주리라 너희가 헤아리는 그 헤아림으로 너희도 헤아림을 도로 받을 것이니라"(38절).
원수 사랑에 대한 하나님의 보상은 우리의 이성을 초월합니다. 상상할
수도 없는 복을 하나님이 약속하셨습니다. 종교개혁자 칼뱅은 그리스
도인의 경건을 다른 사람에 대한 사랑에서 찾았습니다. 우리는 원수까
지도 사랑하는 사람이 되어야 합니다. 우리는 사랑의 원자탄 손양원 목
사님에 대해서 잘 알고 그분을 존경합니다. 자신의 두 아들을 죽인 원
수를 자신의 양아들로 삼았던 손양원 목사님은 한국 교회의 자랑입니
다. 이제 우리는 손양원 목사님을 존경만 하는 것이 아니라 그분처럼
원수를 사랑하는 삶을 살아야 합니다. 원수를 사랑하는 것이 결국 나를
사랑하는 것입니다.

원수를 용서하는 것도 쉽지 않은데, 사랑하는 것은 매우 위대한 것입
니다. 예수님과 같은 행동을 한 것이기 때문입니다. 우리 가정을 통해
예수님의 용서가 이 땅에 널리 전해지길 축복합니다.

♀ 나눔

1. 용서하지 못할 원수가 있나요? 그 사람에 대해서 가족과 대화해 보세요.
2. 어떻게 원수를 사랑할 수 있을까요? 구체적인 방법을 가족과 나눠 보세요.

♀ 기도

우리가 아직 원수 되었을 때에 우리 가정을 사랑하신 하나님, 감사드립니다. 우리 가정에 다른 사람을 향한 원한이 없기를 바랍니다. 누구와도 원수 맺지 않게 하시고 오직 사랑의 나눔만 있게 하옵소서. 우리 가정을 사랑하시는 예수님의 이름으로 기도합니다. 아멘.

♀ 우리 가족 이번 주 미션

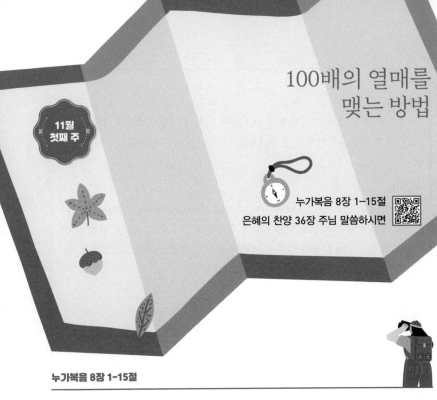

100배의 열매를
맺는 방법

누가복음 8장 1-15절
은혜의 찬양 36장 주님 말씀하시면

누가복음 8장 1-15절

1 그 후에 예수께서 각 성과 마을에 두루 다니시며 하나님의 나라를 선포하시며 그
  복음을 전하실새 열두 제자가 함께 하였고

2 또한 악귀를 쫓아내심과 병 고침을 받은 어떤 여자들 곧 일곱 귀신이 나간 자 막
  달라인이라 하는 마리아와

3 헤롯의 청지기 구사의 아내 요안나와 수산나와 다른 여러 여자가 함께 하여 자기
  들의 소유로 그들을 섬기더라

4 각 동네 사람들이 예수께로 나아와 큰 무리를 이루니 예수께서 비유로 말씀하시되

5 씨를 뿌리는 자가 그 씨를 뿌리러 나가서 뿌릴새 더러는 길 가에 떨어지매 밟히며
  공중의 새들이 먹어버렸고

6 더러는 바위 위에 떨어지매 싹이 났다가 습기가 없으므로 말랐고

7 더러는 가시떨기 속에 떨어지매 가시가 함께 자라서 기운을 막았고

8 더러는 좋은 땅에 떨어지매 나서 백 배의 결실을 하였느니라 이 말씀을 하시고 외

치시되 들을 귀 있는 자는 들을지어다

9 제자들이 이 비유의 뜻을 물으니

10 이르시되 하나님 나라의 비밀을 아는 것이 너희에게는 허락되었으나 다른 사람
에게는 비유로 하나니 이는 그들로 보아도 보지 못하고 들어도 깨닫지 못하게 하
려 함이라

11 이 비유는 이러하니라 씨는 하나님의 말씀이요

12 길 가에 있다는 것은 말씀을 들은 자니 이에 마귀가 가서 그들이 믿어 구원을 얻
지 못하게 하려고 말씀을 그 마음에서 빼앗는 것이요

13 바위 위에 있다는 것은 말씀을 들을 때에 기쁨으로 받으나 뿌리가 없어 잠깐 믿다
가 시련을 당할 때에 배반하는 자요

14 가시떨기에 떨어졌다는 것은 말씀을 들은 자이나 지내는 중 이생의 염려와 재물
과 향락에 기운이 막혀 온전히 결실하지 못하는 자요

15 좋은 땅에 있다는 것은 착하고 좋은 마음으로 말씀을 듣고 지키어 인내로 결실하
는 자니라

누구나 다 인생에서 의미 있는 열매를 맺길 원합니다. 자신의 인생에
나뭇잎만 무성하고 아무 열매도 없는 삶을 꿈꾸는 사람은 없을 것입니
다. 오늘 본문은 네 가지 밭에 떨어진 씨 비유입니다. 어떤 땅에서는 아
무런 열매도 맺을 수가 없었는데 어떤 땅에서는 100배의 열매를 맺었
다고 합니다. 동일한 농부에 의해 동일한 씨앗이 떨어졌는데 수확한 열
매에 차이가 있습니다. 우리 모두는 100배의 열매를 맺는 가정이 되어
야 합니다.

 좋은 밭이 되어야 합니다

농부가 씨앗을 뿌리는데 네 종류의 밭에 씨앗이 떨어집니다. 더러는 길가에 떨어지고, 더러는 바위에 떨어지고, 더러는 가시떨기 속에 떨어지며, 더러는 좋은 땅에 떨어졌습니다. 농부는 예수님이고, 씨앗은 예수님의 말씀이며, 밭은 예수님의 말씀을 받는 사람들의 상태를 의미합니다. 예수님이 말씀을 전하실 때 예수님의 주변에는 많은 사람들이 있었습니다. 예수님께 헌신된 제자들만 예수님의 말씀을 들은 것이 아닙니다. 1절을 보면 "하나님의 나라를 선포하시며 그 복음을 전하실새 열두 제자가 함께 하였고"라고 합니다. 예수님 곁에 제자들이 있었습니다. 2절을 보면 예수님에 의해 일곱 귀신이 나갔던 막달라 마리아도 있었습니다. 3절을 보면 당시 지도층 인사로서 헤롯의 청지기 구사의 아내인 요안나와 수산나도 있었습니다. 또한 4절을 보면 각 동네 사람들이 예수님께 나와서 말씀을 들었습니다. 이들 중에는 길가도 있고 바위도 있고 가시떨기도 있고 좋은 밭도 있습니다. 모두가 예수님이 하시는 동일한 말씀을 듣지만 동일한 열매를 맺는 것은 아닙니다. 예수님의 말씀을 받는 마음의 상태가 다르기 때문입니다. 우리 마음 밭의 상태는 어떤가요? 어떤 말씀이 주어지든지 말씀의 열매를 맺는 좋은 밭이 되어야 합니다.

 말씀을 듣고, 지키고, 인내해야 합니다

100배의 열매를 맺는 좋은 땅의 특징은 다음과 같습니다. "좋은 땅에 있다는 것은 착하고 좋은 마음으로 말씀을 듣고 지키어 인내로 결실하는 자니라"(15절). 그렇다면 결실하지 못하는 땅은 어떤가요? 길가의 특징은 말씀을 듣기는 들었으나 마귀에게 말씀을 빼앗긴다는 것이고, 바위의 특징은 말씀을 들을 때는 기뻤으나 뿌리가 없어서 시험을 당하면 배반한다는 것입니다. 가시떨기는 말씀을 들으나 이생의 염려와 재물과 향락과 기운에 막혀 결실하지 못합니다. 즉 이들은 말씀을 들으나 지키고 인내하지 못한 것입니다. 말씀을 듣는다고 열매를 맺는 것이 아니라 지키고 인내해야 열매를 맺습니다. 예수님께서 이 비유의 말씀을 하실 때 누군가는 찔리고 누군가는 감격했을 것입니다. 제자들은 목숨을 걸고 예수님을 좇고, 막달라 마리아는 병 고침 이후에 헌신된 삶을 살았으며, 어떤 이들은 자기들의 소유로 예수님을 섬겼습니다(3절). 이들은 당시 사회적으로 따가운 시선을 받으면서도 예수 그리스도의 말씀을 지키고 인내하며 살았습니다. 이들은 예수님의 말씀을 듣고 감격했을 것입니다. 반면 의미 없이 예수님을 따라다니던 사람들은 마음이 찔렸을 것입니다. 좋은 밭이 되어야 합니다. 말씀을 듣고 지키고 인내하는 가정이 되길 축복합니다.

그냥 열리는 열매는 없습니다. 한 알의 열매가 열리기까지 누군가의 수고가 있었을 것입니다. 말씀의 결실을 많이 맺는 가정이 되어야 합니다. 예수님을 믿은 연수는 늘어나 잎은 무성한데 열매가 없는 가정이라면 정말 비참할 것입니다. 100배의 열매를 맺는 가정이 되길 축복합니다.

♀ 나눔

1. 나의 마음은 어떤 땅인지 가족과 진솔하게 나눠 보세요.
2. 최근에 듣고, 지키고, 인내하는 말씀은 무엇인지 가족과 나눠 보세요.

♀ 기도

하나님, 우리 가정에 말씀의 열매가 풍성하길 원합니다. 세상의 열매는 없더라도 말씀의 열매는 100배로 결실하는 가정이 되게 하옵소서. 말씀을 듣고 지키고 인내하는 가정이 되게 하옵소서. 선한 농부 되시는 예수님의 이름으로 기도합니다. 아멘.

♀ 우리 가족 이번 주 미션

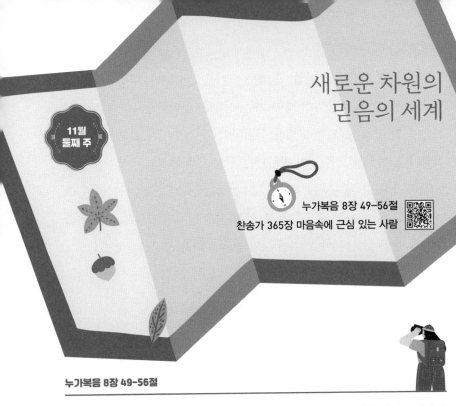

새로운 차원의 믿음의 세계

누가복음 8장 49-56절
찬송가 365장 마음속에 근심 있는 사람

누가복음 8장 49-56절

49 아직 말씀하실 때에 회당장의 집에서 사람이 와서 말하되 당신의 딸이 죽었나이다 선생님을 더 괴롭게 하지 마소서 하거늘

50 예수께서 들으시고 이르시되 두려워하지 말고 믿기만 하라 그리하면 딸이 구원을 얻으리라 하시고

51 그 집에 이르러 베드로와 요한과 야고보와 아이의 부모 외에는 함께 들어가기를 허락하지 아니하시니라

52 모든 사람이 아이를 위하여 울며 통곡하매 예수께서 이르시되 울지 말라 죽은 것이 아니라 잔다 하시니

53 그들이 그 죽은 것을 아는 고로 비웃더라

54 예수께서 아이의 손을 잡고 불러 이르시되 아이야 일어나라 하시니

55 그 영이 돌아와 아이가 곧 일어나거늘 예수께서 먹을 것을 주라 명하시니

56 그 부모가 놀라는지라 예수께서 경고하사 이 일을 아무에게도 말하지 말라 하시니라

누구나 내 힘으로는 어쩔 수 없는 위기를 만납니다. 회당장 야이로 역시 열두 살 된 외동딸이 죽어 가는 상황을 맞이했습니다. 야이로는 자신이 할 수 있는 모든 방법을 동원하여 딸을 고치기 위해 노력했을 것입니다. 하지만 모든 것이 허사였습니다. 이때 야이로는 예수님에 대한 소식을 듣고 예수님에 대한 믿음이 생겼습니다. '예수님이라면 내 딸을 고칠 수 있을 것이다!' 야이로의 믿음은 당시의 상황을 고려할 때 대단한 믿음이었습니다. 하지만 그의 믿음은 더욱 성장해야 했습니다.

두려워 말고 믿어야 합니다

야이로가 예수님과 함께 급히 집으로 가고 있습니다. 이때 한 소식이 전해졌습니다. "아직 말씀하실 때에 회당장의 집에서 사람이 와서 말하되 당신의 딸이 죽었나이다 선생님을 더 괴롭게 하지 마소서 하거늘"(49절).

야이로의 모든 믿음이 무너지는 순간입니다. 야이로는 예수님이라면 어떤 의사도 고치지 못하는 딸을 고칠 수 있다고 믿었습니다. 대단한 믿음입니다. 하지만 딸이 죽었으니 이제 그의 믿음도 사라진 것입니다. 딸이 살아 있어야 고칠 수 있지 않겠습니까? 딸의 죽음을 전한 사람의 말처럼 예수님을 더 수고롭게 할 일도 사라진 것입니다.

모든 것이 끝났다고 생각되는 순간에 예수님은 이렇게 말씀하십니다. "예수께서 들으시고 이르시되 두려워하지 말고 믿기만 하라 그리하면 딸이 구원을 얻으리라 하시고"(50절). 예수님은 새로운 차원의 믿음을 야이로에게 요구하십니다. 예수님은 죽어 가는 사람만 살릴 수 있는 분이 아니라 죽은 사람도 살릴 수 있다는 믿음을 가질 것을 요구하십니다. 예수님에 대한 야이로의 믿음이 한 단계 성장하는 시간입니다.

예수님에 대한 인식의 차원이 더욱 깊어지는 시간입니다. 우리 가정에서 예수님은 어떤 분이십니까? 예수님은 세상의 모든 소망이 끝난 시점에서도 새로운 일을 시작하시는 분입니다.

예수님의 손을 잡으면 일어납니다

예수님은 야이로의 집에 도착하셨습니다. 예수님은 베드로와 요한과 야고보, 그리고 아이의 부모와 함께 딸의 방으로 들어갔습니다. 밖에서는 죽은 딸을 위한 통곡 소리가 울려 퍼지고 있습니다. 이때 예수님은 말씀하십니다. "울지 말라 죽은 것이 아니라 잔다"(52절).

믿음이 없는 사람들은 예수님의 말씀을 비웃었습니다. 믿음이 없는 사람들의 눈에는 예수님이 상황 파악도 못하는 어리석은 사람처럼 보였을 것입니다. 벽 하나를 사이에 두고 밖에서는 통곡과 조롱 소리가 들리고 안에서는 긴장된 침묵의 시간이 흐르고 있습니다.

이때 예수님이 아이의 손을 잡고 말씀하십니다. "예수께서 아이의 손을 잡고 불러 이르시되 아이야 일어나라 하시니 그 영이 돌아와 아이가 곧 일어나거늘 예수께서 먹을 것을 주라 명하시니"(54-55절).

예수님의 손이 닿자 죽은 것처럼 보였던 딸이 살아나는 기적이 일어났습니다. 천지를 창조하신 예수님의 손길이 딸에게 닿자 다시 생명을 얻은 것입니다. 예수님께서 손을 잡아 주시면 모든 것이 소생하게 됩니다. 창조주 되시는 예수님께는 못 하실 일이 없습니다.

　우리의 믿음은 날마다 성장해야 합니다. 우리가 믿고 있는 믿음의 세계가 전부가 아닙니다. 누구도 영적인 세계를 다 경험하지 못했습니다. 예수님에 대한 절대적인 믿음을 가진 가정이 되어야 합니다. 예수님의 손을 꽉 쥐고 걷는 가정이 되길 축복합니다.

📍 나눔

1. 절망적인 순간에 예수님에 대한 믿음을 가지고 일어선 경험이 있다면 가족과 나눠 보세요.
2. 못 하실 일이 없는 예수님의 이름을 의지하여, 가족의 문제를 놓고 함께 기도하는 시간을 가져 보세요.

📍 기도

하나님, 우리 가정의 믿음이 날마다 성장하길 원합니다. 어제의 믿음으로 오늘을 살지 않게 하시고, 내일은 오늘보다 더 큰 믿음의 가정이 되게 하옵소서. 두려움이 아닌 믿음으로 살게 하시고 예수님의 손을 놓지 않는 가정이 되게 하옵소서. 능력이 한이 없으신 예수님의 이름으로 기도합니다. 아멘.

📍 우리 가족 이번 주 미션

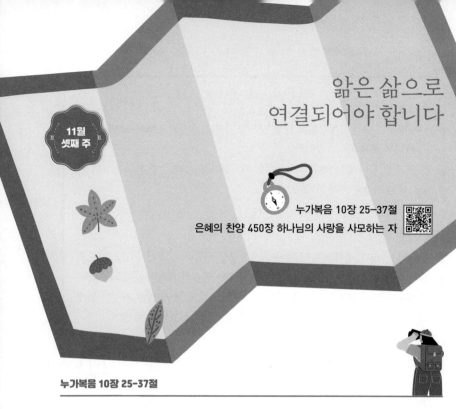

앎은 삶으로
연결되어야 합니다

누가복음 10장 25-37절

은혜의 찬양 450장 하나님의 사랑을 사모하는 자

누가복음 10장 25-37절

25 어떤 율법교사가 일어나 예수를 시험하여 이르되 선생님 내가 무엇을 하여야 영
생을 얻으리이까

26 예수께서 이르시되 율법에 무엇이라 기록되었으며 네가 어떻게 읽느냐

27 대답하여 이르되 네 마음을 다하며 목숨을 다하며 힘을 다하며 뜻을 다하여 주 너
의 하나님을 사랑하고 또한 네 이웃을 네 자신 같이 사랑하라 하였나이다

28 예수께서 이르시되 네 대답이 옳도다 이를 행하라 그러면 살리라 하시니

29 그 사람이 자기를 옳게 보이려고 예수께 여짜오되 그러면 내 이웃이 누구니이까

30 예수께서 대답하여 이르시되 어떤 사람이 예루살렘에서 여리고로 내려가다가 강
도를 만나매 강도들이 그 옷을 벗기고 때려 거의 죽은 것을 버리고 갔더라

31 마침 한 제사장이 그 길로 내려가다가 그를 보고 피하여 지나가고

32 또 이와 같이 한 레위인도 그 곳에 이르러 그를 보고 피하여 지나가되

33 어떤 사마리아 사람은 여행하는 중 거기 이르러 그를 보고 불쌍히 여겨

34 가까이 가서 기름과 포도주를 그 상처에 붓고 싸매고 자기 짐승에 태워 주막으로 데리고 가서 돌보아 주니라

35 그 이튿날 그가 주막 주인에게 데나리온 둘을 내어 주며 이르되 이 사람을 돌보아 주라 비용이 더 들면 내가 돌아올 때에 갚으리라 하였으니

36 네 생각에는 이 세 사람 중에 누가 강도 만난 자의 이웃이 되겠느냐

37 이르되 자비를 베푼 자니이다 예수께서 이르시되 가서 너도 이와 같이 하라 하시니라

흔히 기독교를 "책의 종교"라고 합니다. 기독교는 성경에 절대적인 권위를 믿고 말씀대로 살기 위해 노력하기 때문입니다. 그래서 교회 안에 많은 성경 공부 모임이 있습니다. 우리는 성경을 더 많이, 그리고 더 깊게 알기 위해서 노력해야 합니다. 하지만 성경을 아는 것보다 더 중요한 것은 성경대로 사는 것입니다. 성경에 대해서 아는 것은 많은데 성경대로 살지 않는다면 그것은 자신을 속이는 일입니다. 예수님 당시의 율법교사들이 그런 사람들이었습니다. "이르시되 화 있을진저 또 너희 율법교사여 지기 어려운 짐을 사람에게 지우고 너희는 한 손가락도 이 짐에 대지 않는도다"(눅 11:46). 앎은 반드시 삶으로 연결되어야 합니다.

📍 하나님을 전심으로 사랑해야 합니다

어떤 율법교사가 예수님을 시험하기 위해 질문합니다. "선생님 내가 무엇을 하여야 영생을 얻으리이까"(10:25). 질문 자체가 잘못되었습

니다. 영생은 인간의 행위로 얻는 것이 아니라 전적인 하나님의 은혜로 얻는 것입니다. 율법교사가 말씀도 잘 모르고 예수님을 시험하려고 합니다. 하지만 예수님은 율법교사의 질문을 정상적인 것으로 받으시고 답을 주시는 것이 아니라 도리어 질문을 하십니다. "율법에 무엇이라 기록되었으며 네가 어떻게 읽으냐"(26절). 예수님은 스스로 답을 찾기 원하시는 마음에 율법교사의 질문에 도리어 질문하셨습니다. "대답하여 이르되 네 마음을 다하며 목숨을 다하며 힘을 다하며 뜻을 다하여 주 너의 하나님을 사랑하고 또한 네 이웃을 네 자신 같이 사랑하라 하였나이다"(27절). 율법교사답게 암기력이 좋습니다. 정답입니다. 예수님은 말씀하십니다. "네 대답이 옳도다 이를 행하라 그러면 살리라"(28절). 그렇습니다. 아는 것이 우리를 살리지 않습니다. 아는 대로 사는 것이 우리를 살립니다. 아는 대로 사는 것을 믿음이라고 할 수 있습니다. 믿는 사람은 반드시 믿는 대로 행동하게 되어 있습니다. 하나님에 대한 많은 지식을 자랑할 것이 아니라 하나님을 전심으로 사랑해야 합니다.

강도 만난 자의 이웃이 되어야 합니다

율법교사는 예수님이 말씀하시는 의도도 모르고 자신을 옳게 보이기 위해 한 가지 질문을 더 합니다. "그러면 내 이웃이 누구니이까"(29절). 예수님은 비유를 들어 말씀하십니다. 한 사람이 예루살렘에서 여리고로 내려가다가 강도를 만났습니다. 강도는 그를 때려 거의 죽게 했습니다. 이때 한 제사장이 강도 만난 사람을 보았는데 그를 보고 피하여 갔습니다. 레위인도 마찬가지였습니다. 그런데 한 사마리아인은 달랐습니다. 그를 보고 불쌍히 여겨 기름과 포도주를 상처에 바르고 자기 짐승에 태워 주막으로 데리고 가서 돌봐 줍니다. 가던 길을 가야 하기에 주인에게 두 데나리온까지 주고 잘 돌봐 달라고 부탁합니다. 이 이야기를 들은 율법교사는 불편했습니다. 왜냐하면 사마리아인은 유대인의 관점에서 혼혈족으로서 사회적인 약자이자 신앙적인 이단자로 정죄했기 때문입니다. 예수님이 질문하십니다. "누가 강도 만난 자의 이웃이 되겠느냐"(36절). 율법교사는 사마리아인을 언급하고 싶지 않아서 "자비를 베푼 자"(37절)라고 합니다. 예수님은 전과 동일한 말씀을 하십니다. "가서 너도 이와 같이 하라"(37절).

이웃이란 그 사람에 대해서 잘 안다고 되는 것이 아닙니다. 그 사람의 아픔에 동참할 때 이웃이 되는 것입니다.

신앙생활을 책상에서 공부하듯 하려는 사람들이 있습니다. 앎은 반드시 삶으로 연결되어야 합니다. 하나님 사랑과 이웃 사랑은 지식으로 하는 것이 아니라 행함으로 하는 것입니다. 실천적 행함이 있는 가정이 되길 축복합니다.

📍 나눔

1. 최근에 하나님의 말씀을 실천한 경험이 있다면 가족과 나눠 보세요.
2. 최근에 누군가를 진심으로 도와준 경험이 있다면 가족과 나눠 보세요.

📍 기도

하나님, 우리 가정이 하나님에 대한 지식을 자랑하는 것이 아니라 하나님을 진심으로 사랑하는 가정이 되길 원합니다. 이웃에 대한 깊은 사랑을 가지고 나의 것을 나누는 삶을 살게 하옵소서. 사랑하는 예수님의 이름으로 기도합니다. 아멘.

📍 우리 가족 이번 주 미션

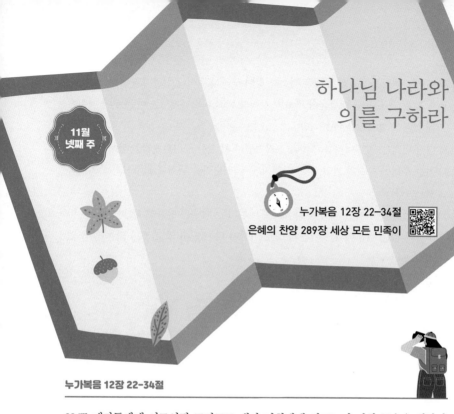

하나님 나라와 의를 구하라

11월 넷째 주

누가복음 12장 22-34절
은혜의 찬양 289장 세상 모든 민족이

누가복음 12장 22-34절

22 또 제자들에게 이르시되 그러므로 내가 너희에게 이르노니 너희 목숨을 위하여 무엇을 먹을까 몸을 위하여 무엇을 입을까 염려하지 말라

23 목숨이 음식보다 중하고 몸이 의복보다 중하니라

24 까마귀를 생각하라 심지도 아니하고 거두지도 아니하며 골방도 없고 창고도 없으되 하나님이 기르시나니 너희는 새보다 얼마나 더 귀하냐

25 또 너희 중에 누가 염려함으로 그 키를 한 자라도 더할 수 있느냐

26 그런즉 가장 작은 일도 하지 못하면서 어찌 다른 일들을 염려하느냐

27 백합화를 생각하여 보라 실도 만들지 않고 짜지도 아니하느니라 그러나 내가 너희에게 말하노니 솔로몬의 모든 영광으로도 입은 것이 이 꽃 하나만큼 훌륭하지 못하였느니라

28 오늘 있다가 내일 아궁이에 던져지는 들풀도 하나님이 이렇게 입히시거든 하물며 너희일까보냐 믿음이 작은 자들아

247

29 너희는 무엇을 먹을까 무엇을 마실까 하여 구하지 말며 근심하지도 말라

30 이 모든 것은 세상 백성들이 구하는 것이라 너희 아버지께서는 이런 것이 너희에게 있어야 할 것을 아시느니라

31 다만 너희는 그의 나라를 구하라 그리하면 이런 것들을 너희에게 더하시리라

32 적은 무리여 무서워 말라 너희 아버지께서 그 나라를 너희에게 주시기를 기뻐하시느니라

33 너희 소유를 팔아 구제하여 낡아지지 아니하는 배낭을 만들라 곧 하늘에 둔 바다함이 없는 보물이니 거기는 도둑도 가까이 하는 일이 없고 좀도 먹는 일이 없느니라

34 너희 보물 있는 곳에는 너희 마음도 있으리라

본문 바로 앞에는 자신의 창고에 계속해서 곡식과 물건을 쌓아 두는 어리석은 부자에 관한 내용이 나옵니다. 부자는 자신이 영원히 살 것처럼 재물을 쌓아 두며 살았습니다. 하지만 하루아침에 죽는다면 그 많은 재물이 그에게 무슨 의미가 있겠습니까? 세상의 재물이 아닌 하나님에 대해 부요한 사람이 되어야 합니다. 오늘 본문은 하나님에 대해서 부요한 사람이 어떻게 살아가는지를 말하고 있습니다.

🗺️ 세상일로 염려하지 않습니다

오늘 본문은 두 번이나 염려하지 말라고 합니다(22, 29절). 즉 세상일로 염려하지 말라고 하십니다. 염려하지 않아야 하는 첫 번째 이유는 염려한다고 문제가 해결되지 않기 때문입니다. "또 너희 중에 누가 염려함으로 그 키를 한 자라도 더할 수 있느냐 그런즉 가장 작은 일도 하

지 못하면서 어찌 다른 일들을 염려하느냐"(25-26절). 내 키가 작은데 염려한다고 해서 키가 자라지 않는 것처럼 염려한다고 해서 문제가 해결되는 것은 아닙니다. 염려하지 않아야 하는 두 번째 이유는 하나님께서 우리를 돌보시기 때문입니다. "오늘 있다가 내일 아궁이에 던져지는 들풀도 하나님이 이렇게 입히시거든 하물며 너희일까보냐 믿음이 작은 자들아"(28절). 하나님은 아무짝에 쓸모없는 들풀도 입히십니다. 그런 하나님은 당연히 우리를 돌보십니다.

까마귀는 심지도 않고 거두지도 않지만 하나님이 먹이시고, 백합화는 스스로 입을 것을 위해 실을 만들거나 짜지도 않지만 솔로몬이 입은 옷보다 아름답습니다. 하물며 하나님의 형상을 지닌 우리를 하나님이 돌보시지 않겠습니까? 우리는 세상일로 염려할 시간에 우리가 누구인지를 기억해야 합니다. 우리는 하나님의 자녀이고 하나님의 돌보심 가운데 있습니다. 세상보다 크신 하나님이 우리의 아버지 되시기 때문에 세상일로 염려할 필요가 없습니다. 하나님에 대하여 부요한 사람은 세상일로 염려하지 않습니다.

📍 먼저 그의 나라와 의를 구합니다

하나님에 대하여 부요한 사람은 염려하기보다 먼저 그의 나라와 의를 구합니다. "다만 너희는 그의 나라를 구하라 그리하면 이런 것들을 너희에게 더하시리라"(31절). 염려할 문제가 생길 때 문제를 해결하기 위해 동분서주할 것이 아니라 먼저 그의 나라와 의를 구해야 합니다. 나의 필요는 하나님이 채워 주실 것을 믿고, 나는 하나님의 나라와 의를 구하는 것입니다. 그의 나라와 의를 구하는 것은 무엇일까요? "너희 소유를 팔아 구제하여 낡아지지 아니하는 배낭을 만들라 곧 하늘에 둔 바 다함이 없는 보물이니 거기는 도둑도 가까이 하는 일이 없고 좀도 먹는 일이 없느니라"(33절). 그중 하나가 구제입니다. 구제하는 삶이 낡아지지 않는 배낭을 만드는 일이고, 그렇게 물질을 흘려보낼 때 누구도 훔쳐갈 수 없고, 벌레 먹을 수도 없는 영원한 보물을 하늘에 쌓아 두는 것입니다. 먼저 그의 나라와 의를 구하는 것은 자신을 위한 창고를 짓고 보물을 쌓아 두는 삶을 포기하고, 주변에 도움이 필요한 사람을 위해 물질을 흘려보내는 것입니다. 보물을 땅에 쌓아 두지 말고 하늘에 쌓아 두어야 합니다. 먼저 그의 나라와 의를 구하는 가정이 되어야 합니다.

염려가 일어날 때 자연 만물을 바라보며 만물을 입히시는 풍성한 하나님을 묵상하시기 바랍니다. 염려를 해결하기 위해 살기보다는 염려는 하나님께 맡기고, 먼저 그의 나라와 의를 위해 살아가는 가정이 되길 축복합니다.

📍 나눔

1. 요즘 나는 무슨 일로 염려하고 있는지 가족과 나눠 보세요.
2. 먼저 그의 나라와 의를 구하기 위해서 나는 어떻게 살아야 할까요?

📍 기도

하나님, 우리 가정의 보호자가 되어 주셔서 감사합니다. 하나님이 지켜 주시니 염려는 내려놓고, 하나님의 나라와 의를 위하여 사는 가정이 되게 하옵소서. 하나님에 대하여 부요한 가정이 되길 원합니다. 우리 가정을 돌보시는 예수님의 이름으로 기도합니다. 아멘.

📍 우리 가족 이번 주 미션

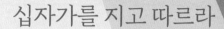

십자가를 지고 따르라

누가복음 14장 25-35절
찬송가 191장 내가 매일 기쁘게

누가복음 14장 25-35절

25 수많은 무리가 함께 갈새 예수께서 돌이키사 이르시되

26 무릇 내게 오는 자가 자기 부모와 처자와 형제와 자매와 더욱이 자기 목숨까지 미워하지 아니하면 능히 내 제자가 되지 못하고

27 누구든지 자기 십자가를 지고 나를 따르지 않는 자도 능히 내 제자가 되지 못하리라

28 너희 중의 누가 망대를 세우고자 할진대 자기의 가진 것이 준공하기까지에 족할는지 먼저 앉아 그 비용을 계산하지 아니하겠느냐

29 그렇게 아니하여 그 기초만 쌓고 능히 이루지 못하면 보는 자가 다 비웃어

30 이르되 이 사람이 공사를 시작하고 능히 이루지 못하였다 하리라

31 또 어떤 임금이 다른 임금과 싸우러 갈 때에 먼저 앉아 일만 명으로써 저 이만 명을 거느리고 오는 자를 대적할 수 있을까 헤아리지 아니하겠느냐

32 만일 못할 터이면 그가 아직 멀리 있을 때에 사신을 보내어 화친을 청할지니라

33 이와 같이 너희 중의 누구든지 자기의 모든 소유를 버리지 아니하면 능히 내 제자
  가 되지 못하리라
34 소금이 좋은 것이나 소금도 만일 그 맛을 잃으면 무엇으로 짜게 하리요
35 땅에도, 거름에도 쓸 데 없어 내버리느니라 들을 귀가 있는 자는 들을지어다 하시
  니라

예수님과 함께 많은 무리가 길을 걷고 있습니다. "수많은 무리가 함
께 갈새 예수께서 돌이키사 이르시되"(25절). 예수님 주변에 많은 사람
들이 있었습니다. 많은 사람이 있다는 것이 꼭 좋은 것만은 아닙니다.
이들 가운데 예수님을 따른다는 것의 의미를 제대로 알고 있는 사람은
몇 사람이 되지 않았습니다. 예수님은 돌이켜 자신을 따르는 무리에게
제자도에 대해서 가르치십니다.

전심으로 따라야 합니다

많은 무리가 예수님을 따른 것은 어떻게 보면 별 부담 없이 예수님
을 따르고 있다는 것입니다. 그런데 예수님이 갑자기 부담스러운 말씀
을 하십니다. "무릇 내게 오는 자가 자기 부모와 처자와 형제와 자매
와 더욱이 자기 목숨까지 미워하지 아니하면 능히 내 제자가 되지 못
하고"(26절). 예수님을 따르는 것에는 엄청난 희생이 따른다는 것을 말
씀하십니다. 일반적으로 리더가 사람을 이끌 땐 "나를 따르면 잘될 것
이다"라고 주입시킵니다. 하지만 예수님은 정반대입니다. 가족뿐만 아
니라 자신의 목숨까지 걸어야 합니다. "누구든지 자기 십자가를 지고

나를 따르지 않는 자도 능히 내 제자가 되지 못하리라"(27절). 십자가는 가장 공포스러운 형벌입니다. 그런데 예수님은 가장 피하고 싶은 십자 가를 지고 예수님을 따르라고 하십니다. 제자도의 첫 번째 원리는 전심 입니다. 십자가를 진 사람은 다른 생각을 하지 않습니다. 십자가를 진 사람의 정체성은 명확해집니다. 십자가를 진 사람과 안 진 사람은 쉽게 구분됩니다. 세상 속에서 자신을 숨길 수가 없습니다. 제자란 스스로 십자가를 지고 세상과 명확하게 구분된 삶을 사는 사람입니다. 인생의 전부를 걸기 전까지는 제자가 아닙니다.

철저한 대가 지불이 있어야 합니다

예수님은 두 가지 비유를 통해 제자도의 두 번째 원리인 대가 지불 에 대해서 말씀하십니다. "너희 중의 누가 망대를 세우고자 할진대 자 기의 가진 것이 준공하기까지에 족할는지 먼저 앉아 그 비용을 계산하 지 아니하겠느냐"(28절). 건물을 건축할 땐 무턱대고 공사하는 것이 아 니라 공사비를 면밀히 계산하고 시작합니다. "또 어떤 임금이 다른 임 금과 싸우러 갈 때에 먼저 앉아 일만 명으로써 저 이만 명을 거느리고 오는 자를 대적할 수 있을까 헤아리지 아니하겠느냐"(31절). 전쟁을 할 때에는 전략과 전술, 그리고 승리할 확률을 먼저 따져 봅니다. 마찬가 지로 제자가 된다는 것에는 큰 대가 지불이 있어야 하는데 그것을 계 산했는가를 말씀하십니다. 이런 대가 지불이 없다면 작은 어려움만 찾 아와도 제자의 길에서 벗어납니다. "데마는 이 세상을 사랑하여 나를 버리고 데살로니가로 갔고 그레스게는 갈라디아로, 디도는 달마디아로 갔고"(딤후 4:10). 데마, 그레스게, 디도 역시 한때 제자였으나 제자도에 대한 깊은 이해가 없어서 중도에 탈락했습니다.

윌리엄 보든이란 선교사가 있습니다. 대부호의 상속자였으나 그는 제자의 길을 걷기로 다짐하고 최선을 다해 사역을 준비하다가 수막염에 걸려서 26세에 세상을 떠났습니다. 그의 성경책에는 이런 글이 기록되어 있었습니다. "남김없이, 후퇴 없이, 후회 없이." 윌리엄 보든은 진정한 제자였습니다.

예수님은 사명을 이루시기 위해 하늘 보좌를 떠나 십자가를 지셨습니다. 십자가 위에서 남김없이 물과 피를 흘리셨습니다. 그리고 우리를 살리셨습니다. 제자의 길은 고통스럽지만 영광스러운 자리입니다. 예수님의 제자로 살아가는 복된 가정이 되길 축복합니다.

♀ 나눔

1. 나는 십자가를 지고 전심으로 예수님을 따르고 있습니까? 가족과 이 부분에 대해서 이야기해 보세요.
2. 주님의 제자로 살아가기 위해서 포기한 것이 있다면 그 내용을 가족과 나눠 보세요.

♀ 기도

하나님, 우리 가정이 십자가를 지고 전심으로 하나님을 따르길 원합니다. 세상의 많은 사람들이 가는 넓은 길이 아닌, 주님이 가신 좁은 길을 걷는 제자가 되게 하옵소서. 남김없이, 후퇴 없이, 후회 없이 제자로 살게 하옵소서. 사랑하는 예수님의 이름으로 기도합니다. 아멘.

♀ 우리 가족 이번 주 미션

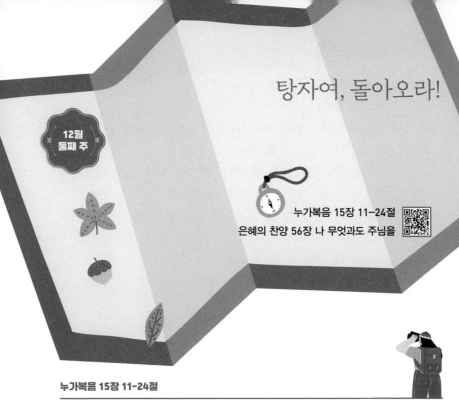

탕자여, 돌아오라!

누가복음 15장 11-24절
은혜의 찬양 56장 나 무엇과도 주님을

누가복음 15장 11-24절

11 또 이르시되 어떤 사람에게 두 아들이 있는데

12 그 둘째가 아버지에게 말하되 아버지여 재산 중에서 내게 돌아올 분깃을 내게 주소서 하는지라 아버지가 그 살림을 각각 나눠 주었더니

13 그 후 며칠이 안 되어 둘째 아들이 재물을 다 모아 가지고 먼 나라에 가 거기서 허랑방탕하여 그 재산을 낭비하더니

14 다 없앤 후 그 나라에 크게 흉년이 들어 그가 비로소 궁핍한지라

15 가서 그 나라 백성 중 한 사람에게 붙여 사니 그가 그를 들로 보내어 돼지를 치게 하였는데

16 그가 돼지 먹는 쥐엄 열매로 배를 채우고자 하되 주는 자가 없는지라

17 이에 스스로 돌이켜 이르되 내 아버지에게는 양식이 풍족한 품꾼이 얼마나 많은가 나는 여기서 주려 죽는구나

18 내가 일어나 아버지께 가서 이르기를 아버지 내가 하늘과 아버지께 죄를 지었사오니

19 지금부터는 아버지의 아들이라 일컬음을 감당하지 못하겠나이다 나를 품꾼의 하나로 보소서 하리라 하고

20 이에 일어나서 아버지께로 돌아가니라 아직도 거리가 먼데 아버지가 그를 보고 측은히 여겨 달려가 목을 안고 입을 맞추니

21 아들이 이르되 아버지 내가 하늘과 아버지께 죄를 지었사오니 지금부터는 아버지의 아들이라 일컬음을 감당하지 못하겠나이다 하나

22 아버지는 종들에게 이르되 제일 좋은 옷을 내어다가 입히고 손에 가락지를 끼우고 발에 신을 신기라

23 그리고 살진 송아지를 끌어다가 잡으라 우리가 먹고 즐기자

24 이 내 아들은 죽었다가 다시 살아났으며 내가 잃었다가 다시 얻었노라 하니 그들이 즐거워하더라

누가복음 15장에는 잃어버린 것을 되찾은 세 가지 이야기가 등장합니다. 첫 번째는 잃은 양을 되찾은 이야기, 두 번째는 잃은 드라크마를 되찾은 이야기, 그리고 세 번째는 오늘 본문인 잃은 아들을 되찾은 이야기입니다. 이야기의 내용은 다르지만 세 가지 이야기의 핵심은 하나님이 잃어버린 자녀를 애타게 찾으시고 기다리신다는 것입니다. 본문을 통해서 자녀인 우리의 실상과 아버지인 하나님에 대해서 이해하게 됩니다.

하나님을 떠난 인생의 결론은 패망입니다

선한 아버지에게 두 아들이 있었습니다. 어느 날 둘째 아들이 아버지를 떠나 자유로운 인생을 꿈꿉니다. 그래서 아버지에게 자신에게 돌아

올 분깃을 요구합니다. 아버지로부터 자유를 꿈꾸면서도 분깃을 요구한다는 것이 한심합니다. 복은 원하지만 간섭은 싫다는 것입니다. 둘째 아들은 결국 분깃을 받아 먼 나라에 가서 허랑방탕한 인생을 삽니다. 그것이 자유인 줄 알았던 것입니다. 하지만 곧 재산을 탕진했고 흉년을 맞이하여 극심한 빈곤에 빠집니다. 결국 유대인들이 부정하다고 하는 돼지를 치며 돼지가 먹는 쥐엄 열매로 배를 채우며 살아갑니다.

이것이 인간의 실존입니다. 하나님으로부터의 자유를 꿈꾸지만 그것은 자유가 아니라 방종이며, 인생을 즐기는 것이 아니라 낭비하는 것입니다. 줄이 잘린 연은 어디로 갈지 모릅니다. 그 모습이 자유로워 보이지 않고 위태로워 보입니다. 줄에 잘 연결된 연이 안정적이고 자유롭게 하늘을 날 수 있습니다. 물을 떠난 물고기를 자유롭다고 하지 않고, 날지 못하고 땅 위에 뛰어다니는 독수리를 안전하다고 하지 않습니다. 하나님을 떠나기를 꿈꾸는 것은 스스로 인생을 망치는 것입니다. 하나님으로부터 멀리 떨어져 있다면 지금 돌아오길 바랍니다.

📍🗺️ 하나님은 자녀가 돌아오길 기다리십니다

아들은 가장 비참한 상태에 떨어지자 아버지의 집에 거했을 때가 얼마나 복된 삶이었는지를 깨닫습니다. 염치가 있어서 아들로는 못 돌아갈 것 같고, 종으로 가서 일을 하리라 다짐합니다. '아버지가 과연 나를 종으로 받아 주실까?' 고민하며 집으로 향하고 있는데, 아버지가 자신에게 뛰어옵니다. 아들이 먼저 아버지를 본 것이 아니라 아버지가 먼저 아들을 보고 달려 나온 것입니다. 아버지는 아들을 측은히 여겨 목을 안고 입을 맞춥니다. 아버지는 애타는 마음으로 집 나간 아들을 기다리고 있었던 것입니다. 아들은 자신의 잘못을 고백하고 종으로 삼아 달라고 간청을 하려고 하는데, 아버지가 아들의 입을 막고 낡고 허름한 옷을 벗기고 제일 좋은 옷을 입힙니다. 아들로서의 신분을 상징하는 가락지를 손에 끼웁니다. 그리고 살진 송아지를 잡아 온 동네 사람들과 잔치를 엽니다. "이 내 아들은 죽었다가 다시 살아났으며 내가 잃었다가 다시 얻었노라 하니 그들이 즐거워하더라"(24절). 하나님께로 돌아가기에 늦은 때란 없습니다. 지금이 가장 **빠른** 때입니다. 하나님은 지금도 집을 떠난 자녀들이 돌아오길 기다리고 계십니다. 찬송가의 가사처럼 "하늘을 두루마리 삼고 바다를 먹물 삼아도 한없는 하나님의 사랑을 다 기록할 수" 없습니다(새찬송가 304장).

자녀에게 가장 안전한 곳은 아버지의 품입니다. 이 세상에서 하나님의 품보다 안전한 곳은 없습니다. 하나님을 떠난 인생은 결국 패망하게 되어 있습니다. 선하고 풍성하신 하나님 안에 거하는 가정이 되길 축복합니다.

📍 나눔

1. 하나님을 떠난 삶을 상상해 본 적이 있나요? 있었다면 그 내용을 가족과 나눠 보세요.
2. 내 주변에 집 나간 탕자가 있다면, 그들을 어떻게 도울 수 있을지 가족과 나눠 보세요.

📍 기도

하나님께서 우리 가정의 아버지가 되어 주셔서 감사드립니다. 날마다 죄를 지어 하나님의 자녀라 불리기에 부족하지만, 그럼에도 불구하고 절대로 하나님을 떠나지 않는 가정이 되게 하옵소서. 사랑하는 예수님의 이름으로 기도합니다. 아멘.

📍 우리 가족 이번 주 미션

_____

_____

_____

_____

_____

_____

_____

_____

_____

_____

확실하게 응답받는
기도의 조건

12월
셋째 주

누가복음 18장 1–8절
찬송가 543장 어려운 일 당할 때

누가복음 18장 1-8절

1 예수께서 그들에게 항상 기도하고 낙심하지 말아야 할 것을 비유로 말씀하여

2 이르시되 어떤 도시에 하나님을 두려워하지 않고 사람을 무시하는 한 재판장이 있는데

3 그 도시에 한 과부가 있어 자주 그에게 가서 내 원수에 대한 나의 원한을 풀어 주소서 하되

4 그가 얼마 동안 듣지 아니하다가 후에 속으로 생각하되 내가 하나님을 두려워하지 않고 사람을 무시하나

5 이 과부가 나를 번거롭게 하니 내가 그 원한을 풀어 주리라 그렇지 않으면 늘 와서 나를 괴롭게 하리라 하였느니라

6 주께서 또 이르시되 불의한 재판장이 말한 것을 들으라

7 하물며 하나님께서 그 밤낮 부르짖는 택하신 자들의 원한을 풀어 주지 아니하시겠느냐 그들에게 오래 참으시겠느냐

8 내가 너희에게 이르노니 속히 그 원한을 풀어 주시리라 그러나 인자가 올 때에 세
  상에서 믿음을 보겠느냐 하시니라

하나님 안에 모든 선하고 아름다운 것이 다 있습니다. 그리고 하나님은 이 모든 것을 기도라는 통로를 통해서 이 땅에 베풀기로 작정하셨습니다. 그러므로 우리는 기도하기를 힘써야 합니다. F. B. 마이어는 "인생에서 가장 큰 비극은 응답 받지 못한 간구가 아니라 아예 드리지도 않은 기도다"라고 했습니다. 기도가 막힌 인생은 살아갈 힘을 얻을 수 없습니다. 오늘 본문의 말씀은 반드시 응답 받는 기도의 두 가지 조건을 기록하고 있습니다.

기도하다가 낙심하지 말아야 합니다

기도의 가장 큰 적은 낙심입니다. 기도는 미래에 일어날 일에 대한 간구이기에 미래에 대한 소망이 있어야 할 수 있습니다. 절망하는 사람은 기도할 수 없습니다. "예수께서 그들에게 항상 기도하고 낙심하지 말아야 할 것을 비유로 말씀하여"(1절). 예수님은 기도에 대한 예를 드시면서 낙심하지 말아야 함을 강조합니다. 한 도시에 과부가 원수에 대한 원한 문제를 해결해 달라고 재판장에게 찾아갑니다. 그런데 그 재판장은 하나님을 두려워하지도 않고 과부를 무시하는 사람이었습니다. 과부의 입장에서는 자신의 원한을 해결할 방법이 없는 상황입니다. 그런데도 이 과부는 낙심하지 않고 매일같이 찾아가서 원한을 풀어 줄

것을 요청합니다. 기도에서 중요한 것은 이 과부와 같이 낙심하지 않고 지속적으로 기도하는 것입니다. 재판장은 불의한 사람이고 사람을 무시하는 사람인데도 과부가 포기하지 않고 요청하자 들어주었습니다. 하나님은 의로우신 분이고 우리를 사랑하시는 분이기에 우리의 기도에 반드시 응답해 주십니다. 우리는 "소망 중에 즐거워하며 환난 중에 참으며 기도에 항상 힘"써야 합니다(롬 12:12 참조).

📍🗺️ 기도 응답을 확신해야 합니다

기도하는 사람이 기도 응답에 대한 확신이 없으면 기도를 지속할 수 없습니다. 한두 번은 기도할 수 있습니다. 하지만 기도를 지속하기 위해서는 기도 응답에 강한 확신이 있어야 합니다. "하물며 하나님께서 그 밤낮 부르짖는 택하신 자들의 원한을 풀어 주지 아니하시겠느냐 그들에게 오래 참으시겠느냐"(눅 18:7). 기도 응답에 대한 확신은 곧 하나님에 대한 믿음과 연결되어 있습니다. 하나님은 어떤 분이십니까? "자기 아들을 아끼지 아니하시고 우리 모든 사람을 위하여 내주신 이가 어찌 그 아들과 함께 모든 것을 우리에게 주시지 아니하겠느냐"(롬 8:32). 세상에서 가장 귀한 자기 아들을 우리를 위해 아낌없이 내어 주신 분이 우리의 기도에 응답하지 않을 리 없습니다. "내가 너희에게 이르노니 속히 그 원한을 풀어 주시리라 그러나 인자가 올 때에 세상에서 믿음을 보겠느냐 하시니라"(눅 18:8). 우리가 기도하면 하나님이 속히 응답해 주십니다. 이 확신이 있다면 기도를 멈출 수가 없습니다. 내가 생각하는 시간과 장소에서 기도 응답을 받지 못하더라도 가장 좋은 것으로 응답하실 선하신 하나님에 대한 확신이 있어야 합니다.

하나님은 능력이 많으시고 선하신 분입니다. 하나님은 이미 우리에게 독생자 예수 그리스도를 내어 주셨습니다. 그리고 기도하면 반드시 응답해 주신다고 약속하셨습니다. 이제 우리가 할 일은 낙심하지 않고 기도하는 것뿐입니다. 기도를 통해 하나님의 은혜가 풍성하게 쌓이는 가정이 되길 축복합니다.

♀ 나눔

1. 모든 환경이 낙심되었지만 믿음으로 계속해서 기도한 경험이 있다면 가족과 나눠 보세요.
2. 최근에 기도 응답의 확신을 가지고 기도하는 내용이 있다면 가족과 나눠 보세요.

♀ 기도

우리를 위해 가장 귀한 예수 그리스도를 내어 주신 하나님, 감사드립니다. 이 땅에서 사는 동안 선하신 하나님에 대한 확신과 믿음을 갖고 살게 하옵소서. 기도의 전리품이 풍성한 가정이 되길 원합니다. 기도하는 시간이 가장 행복한 가정이 되게 하옵소서. 기도의 보증이 되시는 예수님의 이름으로 기도합니다. 아멘.

♀ 우리 가족 이번 주 미션

예수님을 만나면
변화됩니다

누가복음 19장 1-10절
은혜의 찬양 187장 하나님은 너를 만드신 분

누가복음 19장 1-10절

1 예수께서 여리고로 들어가 지나가시더라

2 삭개오라 이름하는 자가 있으니 세리장이요 또한 부자라

3 그가 예수께서 어떠한 사람인가 하여 보고자 하되 키가 작고 사람이 많아 할 수 없어

4 앞으로 달려가서 보기 위하여 돌무화과나무에 올라가니 이는 예수께서 그리로 지나가시게 됨이러라

5 예수께서 그 곳에 이르사 쳐다 보시고 이르시되 삭개오야 속히 내려오라 내가 오늘 네 집에 유하여야 하겠다 하시니

6 급히 내려와 즐거워하며 영접하거늘

7 뭇 사람이 보고 수군거려 이르되 저가 죄인의 집에 유하러 들어갔도다 하더라

8 삭개오가 서서 주께 여짜오되 주여 보시옵소서 내 소유의 절반을 가난한 자들에게 주겠사오며 만일 누구의 것을 속여 빼앗은 일이 있으면 네 갑절이나 갚겠나이다

267

9 예수께서 이르시되 오늘 구원이 이 집에 이르렀으니 이 사람도 아브라함의 자손
   임이로다
10 인자가 온 것은 잃어버린 자를 찾아 구원하려 함이니라

여리고에 삭개오라는 세리장이 있었습니다. 여리고는 당시 무역의 중심지였습니다. 이런 곳의 세리장은 당연히 부자였을 것입니다. 당시 유대인이 멸시하는 네 부류가 있었습니다. 창녀, 이방인, 죄인, 세리입니다. 특히 세리는 민족의 배신자로서 지배자 로마에 동조하면서 민족의 혈세를 착취했습니다. 많은 세금을 거둘수록 자신의 이익이 늘어납니다. 더군다나 삭개오는 세리장이었으니 얼마나 지독한 삶을 살았을지 짐작됩니다. 큰 재물을 거두었으나 같은 민족인 히브리인도, 고용한 로마인도 삭개오를 반기지 않습니다. 삭개오가 사회적으로 높이 올라갈수록 그의 영혼의 궁핍함은 더욱 심해졌습니다. 절대로 변화되지 않을 사람을 뽑으라면, 그 사람이 바로 삭개오일 것입니다. 하지만 그런 삭개오도 예수님을 만나자 변화되었습니다.

📍 돌무화과나무 위로 올라가라

예수님께서 여리고를 지나신다는 소식이 돌자, 사람들이 예수님을 보기 위해 인산인해를 이루었습니다. 삭개오 역시 무리 중에 끼어 있었습니다. 사회적으로 큰 성공을 이룬 삭개오였지만 그의 영혼은 늘 텅 비어 있었습니다. 영혼의 극심한 갈증을 느낀 삭개오는 예수님을 반드

시 만나야 했습니다. 하지만 키가 작아 예수님을 볼 수가 없었습니다. 결국 삭개오는 체면 불구하고 돌무화과나무 위로 올라갑니다. 이제까지 그는 사회적 성공을 위해서 남들보다 더 높은 곳에 오르기 위해 전심전력하는 인생을 살았습니다. 하지만 지금은 자신의 영혼을 위해, 주님을 만나기 위해 높은 곳으로 올라갑니다. 사회적 체면, 다른 사람의 시선 따위는 중요하지 않습니다. 오직 예수님을 만나기 위해서라면 더 높은 곳도 오를 수 있었습니다. 예수님은 삭개오 안에 있는 그 갈급함을 보셨습니다. 예수님은 돌무화과나무 위에 있는 삭개오를 찾아가서 그의 이름을 부르셨습니다. 이름을 불렀다는 말은 삭개오를 인격적으로 알고 있다는 뜻입니다. 하나님은 영혼의 갈급함 때문에 몸부림치며 회복을 간구하는 사람을 아십니다. 그를 찾아가십니다. 이름을 부르십니다.

📍 주님을 우리 가정에 모셔라

예수님은 삭개오에게 "내가 오늘 네 집에 유하여야 하겠다"라고 하십니다. 누군가의 집에 간다는 것은 인격적으로 깊은 교제를 나눈다는 뜻입니다. 예수님은 지금 여리고를 지나 예루살렘으로 가서 십자가를 지실 계획이었습니다. 십자가를 눈앞에 두고 있는 시점에서도 삭개오의 집에 들어가 그와 교제하십니다. 삭개오는 기쁨으로 예수님을 자신의 집에 모십니다. 구경꾼들은 밖에서 수군거립니다. 이때 삭개오가 놀라운 고백을 합니다. 자신의 소유의 절반을 가난한 사람들에게 주고,

만일 누구의 것을 속여 빼앗은 것이 있다면 네 갑절이나 갚겠다고 합니다(8절). 삭개오는 예수님을 자신의 가정에 모시고 인생의 큰 결단을 내렸습니다. 자신의 인생을 떠받치던 재물을 끊어 버리고 예수님 중심의 인생을 다짐한 것입니다. 예수님은 말씀하십니다. "오늘 구원이 이집에 이르렀으니 이 사람도 아브라함의 자손임이로다"(9절). 삭개오의 가정 전체가 구원을 받았습니다. 주님을 만나면 개인뿐만 아니라 가정도 변화됩니다.

우리는 하나님의 형상으로 지음받은 존재로서, 우리 안에는 하나님만이 채우실 수 있는 영혼의 공간이 있습니다. 세상의 것으로 우리 영혼의 갈급함을 채울 수 없습니다. 반드시 하나님을 만나야 합니다. 하나님을 향한 뜨거운 열정이 있어야 합니다. 하나님을 우리 가정에 모셔야 합니다.

나눔

1. 하나님을 만나기 위해 내가 시도한 것 중 가장 기억에 남는 것은 무엇인가요?
2. 하나님의 영광을 위해 우리 가정이 결단해야 할 것은 무엇인가요?

기도

하나님, 우리 가정이 하나님을 향한 뜨거운 목마름이 있는 가정이길 소원합니다. 하나님을 만나기 위해 돌무화과나무 위를 오르는 수고를 아끼지 않겠습니다. 우리 가정에 늘 좌정하여 주시옵소서. 우리 가정의 주인이신 예수님의 이름으로 기도합니다. 아멘.

우리 가족 이번 주 미션